不動産を相続する人のための
知識ゼロからの相続の教科書

名古屋総合税理士法人 代表税理士
細江 貴之

SOGO HOREI PUBLISHING CO., LTD

はじめに

不動産は〝不動負債〟？

不動産を所有している人にとって、日本は決して良い環境とは言えません。

不動産にかけられる税金はとても多く、固定資産税・所得税・住民税・相続税・不動産取得税・登録免許税などなど……枚挙にいとまがありません。

「3代相続が続くと財産がなくなる」という言葉に代表されるように、不動産は所有しているだけで、国から税金が搾取されていきます。戦略的に守っていかないと、どんどん減っていってしまうのです。

一昔前でしたら、土地にマンションを建てるだけで、相続税対策になるだけでなく、安定的な家賃収入を見込めたため、経費や借入返済金を差し引いても、十分なお金が手もとに残りました。

しかし、現在、マンションなどの空室率は全国的に年々増加の一途をたどっており、家賃収入は年々減少しています。その結果、オーナーの手もとに残るお金は減るばかりか、借入返済金を払い切れず、奥様が勤めに出たり、敷地ごと一棟売りをする事態に追い込まれるという事例も増えています。

このように借入金の返済に苦しめられている人もいれば、親から不動産を相続した際に発生した相続税の負担が重く、生活費を切り詰めて相続税の分割支払いにあて、20年後にやっとの思いで完済したところ、気が抜けたのか、体調を崩して次の世代がまた相続で苦しむ、という家庭もあります。

このように、財産の中でも、不動産は負債（不動負債）になる可能性があり、財産を相続する人にとっては切実な問題です。

本書を読めば不動産相続は怖くない

税理士として様々な相続に関わる中で、私が日々感じていることがあります。

それは、これから不動産を相続することになる人は、相続や不動産に関する正しい知識を身につけ、財産を戦略的に守っていくべきだ、ということです。

不動産に関する正しい知識を身につければ、空室対策のしかたがわかり、入居率を高めることで、手もとに残るお金を増やすことができます。

同じように、所得税に関する正しい知識を身につければ、所得税対策のやり方がわかり、所得税を抑えることができ、結果として手もとに残すお金を増やすことができます。残ったお金は、相続税の納税資金にも使えます。

さらに、相続税に関する正しい知識を身につければ、相続税対策のやり方がわかり、相続税を低く抑えることで、相続する財産を増やし、相続税の納税の悩みを減らすことができます。

あなたが受け継ぐ不動産を負債（不動負債）にしないために絶対に身につけるべきこれらの知識は、実は専門家でなければわからないものではありません。そのポイントは本書を読めばどなたでもわかると思います。ただし、この知識は学校や国（税務署）では教えてくれません（税収が減るので当たり前ですが……）。

本書では、そんな不動産相続に関して身につけておくべき知識を、私のこれまでの経験とノウハウを出し惜しみすることなく、今は知識ゼロの人でも1回読めば大まかな考え方を理解できるようにやさしい言葉と表現でお伝えします。

本書を読んでいただきたい方々

本書を一番読んでいただきたいのは、これから親から財産を相続する可能性がある方々です。なぜなら、不動産の切実な問題を抱えるのは、親ではなく、親から財産を相続する人だからです。

逆に、相続で財産を渡す側、つまり親世代の方々にも、「本書を読んで息子・娘たちは、今後どんな悩みを抱えることになるのか?」「その悩みを減らす方策にはどんなものがあるのか?」という視点で、知識を身につけていただきたいです。

もちろん、最近注目を集めている「不動産の法人化」による節税方法もわかりやすく解説しています。また、投資用不動産を所有していて所得税対策に悩んでいる方にとっても、参考になる内容だと思います。

では、早速、不動産を所有している方々が「知識ゼロ」から身につけるべき相続の知識についてのお話に入りたいと思います。

目次

Contents

Contents

編集協力　堀　容優子
装丁　小松　学（ZUGA）
本文デザイン　中西啓一（panix）
本文DTP&図表作成　横内俊彦
本文イラスト　夷　野絵（ZUGA）

第1章

不動産は相続トラブルの原因になりやすい！

1

不動産が招く相続トラブル！

最もトラブルが少ないのが現金！

親ならだれでも、子供にいい財産をたくさん残してやりたいと思っています。先祖伝来の不動産を必死に守るのはそのためです。

ところが、皮肉なことに、そうやって守ってきた不動産が、いざ相続が発生する際に子供たちの間に大きな亀裂を生む原因になるケースが多いことをご存知でしょうか。

冒頭からちょっとドライな話になってしまいますが、相続が起こったとき、いちばんトラブルが少なく、かつ相続人全員から歓迎される財産は何だと思いますか？

それは現金です。現金には不動産の評価減のような相続税評価額を圧縮する仕組みは働きません。残された現金の額がそのまま相続財産の評価額になってしまうわけで、相続税の節約という意味では、必ずしも有利ではありません

それにもかかわらず、分けやすいことや利用価値が高いことが好感され、**現金が相続財産の人気ナンバー1になっているのが現実**です。

私の住む名古屋では、跡継ぎに財産をたくさん残す風習が不動産オーナーの家庭に残っています。なぜなら、不動産を均等に分けてしまうと、うまくいかないことが多いからです。

その一方、サラリーマン家庭では、財産を均等に分けるのが一般的になっています。これは決してベストな選択肢というわけではありません。しかし、実際、相続人が何人いようが、この方法なら遺産分割も一応円滑に済むので、トラブルになりにくいと言われています。

もちろん、長男など跡継ぎの立場で親の面倒を一番見ていた人たちの中には、「お前たちは何もしていないくせに！　自分はもっともらう権利がある！」と不満を持つ人はいるかもしれません。

そんな場合でも、他のきょうだいたちに「それじゃあ、兄さんには少し多めに分け

てあげよう」という寛容な気持ちがあれば、大問題にはなりません。

不動産はトラブルのもとになりやすい

現金とは対照的に、**相続人の間で最もトラブルを招きやすい財産が不動産**です。とりわけ、「現金などの財産がほとんどなくてメインの遺産が不動産」という場合は要注意です。不動産の分けにくさがトラブルの原因になります。

不動産には一つとして同じものがありません。一つの土地を分ける場合でも、「同じもの」にはなりえません。道路づきの条件などで不動産価格が変わってしまうからです。

また、不動産に対する考え方が人それぞれで異なるのも、トラブルの原因になっています。

私はこれまで不動産を含めた相続関係のコンサルティングを数多く行い、多くの方々のお話をうかがってきました。その中で、同じ親から生まれ、血を分けたきょうだいなのにもかかわらず、「不動産に対する意識が正反対」というご家族を数多く目の当たりにし、「つくづく人間というのは不思議なものだ」という思いを深くしました。

相続した不動産の分割をめぐって、それまで仲の良かったきょうだいの話し合いがつかず、互いにいがみ合い、憎しみ合ってどうにもならないところまで追い込まれることもあります。中には、遺産分割を機に、きょうだいとしてのつきあいが一切なくなってしまったという方たちもいました。相続が文字通り〝争続〟に発展し、決裂してしまったのです。

どうして、きょうだいの仲に、そんなにも大きな亀裂が入ってしまうのでしょうか。不動産相続をめぐって現実にどんなトラブルが起こっているのか、次項で事例をご紹介していきましょう。

POINT

- 相続が起こったとき、トラブル発生の可能性が低い財産は現金。分割しやすく、なおかつ利用価値が高いのがその理由。
- 相続が起こったとき、トラブルの原因となりやすい財産は不動産。分割がしにくく、一つとして同じものがないのがその理由。

2

不動産をめぐってトラブルに発展した7つの事例

〈事例1〉 母親の死去により相続が発生したケース
父親は15年前に他界している。
相続人は長男Aと次男B。
長男は母親と同居。家の名義人は母親。財産は不動産（長男と母親が住む自宅とその敷地。近隣の相場からして時価5000万円と推定）と現金1000万円。

長男のAさんは独身で、亡くなった母親と暮らしていました。次男のBさんはすでに結婚して家を出ています。

Aさんには、「今まで自分が母親の面倒を見てきた」という思いがあり、また長年この家に住んでいることから、「自分が家と土地を相続し、現金は全部弟にやれば済むだろう」と簡単に考えていました。

Bさんは一流企業に勤務しており、すでに住宅も購入しています。お金に困っている様子は見受けられませんでした。

ところが、思いがけずAさんはBさんの猛反発に遭ってしまいました。

「何を言ってるんだ? 今ここの土地は5000万円は下らないんだぜ。兄貴が5000万円もするものをもらって、なんで俺が1000万円ぽっちの現金で我慢しなけりゃならないんだよ? 兄弟は対等な立場なんだから、この家と土地を売って売却金を分け合うのが当然だろう」と譲りません。

2年前に家を建てたBさんは、いずれ相続でまとまった金額の財産が入ってくるだろうから、それを使って住宅ローンの繰り上げ返済をしようと考えていたのです。Aさんがほとんどの財産を独り占めしようとするなどとは、予想もしていませんでした。

それに対し、Aさんは「俺は何十年もここに住んでいる。職場も近い。親父が苦労して建てた家だ。この家は俺が守っていく。今さら引っ越しはできない」と主張。Bさんに対して、「老いた母親を自分に押し付けて、自分は妻の実家とばかりつきあっていたくせに、何を言ってるんだ?」という思いもあります。

一方、Bさんにしてみれば、「家族もいないくせに、家を守っていくって何なんだ? 今ごろになって長男風を吹かせるなよ」と腹わたが煮えくり返る思いです。

両者の意見は平行線をたどり、一向に遺産分割協議がまとまりません。

このケースは、きょうだいの一人が同居していた親を看取ったときに起こりやすいトラブルです。

長年一緒に暮らしてきた人は、「自分が親の面倒を見てきたのだから、この家はもらって当然」と思っていますし、そうでない人たちは「そうは言っても、相続に際してきょうだいは平等な立場なのだから、きちんと分けてもらわないと納得できない」と思っています。

この兄弟の場合、兄であるAさんが遺産相続の対象となる母親の自宅に現在も住んでいることで、なおさら折り合いがつかなくなってしまいました。

空き家になっている親の家を処分するのと違って、きょうだいのうちの誰かが住んでいる住宅を処分するというのは、容易なことではありません。

このように、簡単に処分できず、分けることもできない不動産が財産のメインになっている場合、トラブルの根が深くなりがちです。

〈事例2〉 父親の死去により相続が発生したケース（母親は前年に他界）。
相続人は長女A、次女B、長男Cの3人。
相続財産は、父が住んでいた家とその敷地のほかに、預貯金4000万円および1000坪の土地。

被相続人である父親は、自宅のほかに親から受け継いだ1000坪の遊閑地を所有していました。この土地については以前から「市が買収しようとしている」という噂がありました。

そこで相続にあたって長男のCさんが市役所に尋ねたところ、「まだ決まったわけではないが、数年のうちに買収の対象になるかもしれない」と言われました。

実現すれば、何億円という価値が出てきます。Cさんは、とりあえず土地を共有名義にしておいて、買収の話が実現したときに売却して、その利益をきょうだい3人で分ければいいと考えました。

ところが、姉たちに相談したところ、驚くような答えが返ってきたのです。

「うちは夫がリストラに遭い、家計が大変なの。今すぐお金がほしいから、土地の3分の1をちょうだい。それを売ってお金にするから」と長女のA子さん。

「私もお姉さんに賛成よ。うちは年子の子供たちが大学受験の時期でお金がいるの。2人とも中学から私立だったから、教育費がすごくかかっちゃって、大学の学費をどうしようかと思っていたのよ。私も自分の持ち分を売りたいから、土地を3つに分けてほしい」と次女のB子さん。

2人は口をそろえて、「そもそも市が買収するというのは、まだ噂の段階なんでしょ？　実現するかどうかわからないじゃないの。そんな、あるのかないのかわからないような話に乗って、何年間も待っている余裕は私たちにはないの。それよりも私たちは、今、お金が必要なのよ」と言います。

Cさんは、あまりに意外な姉たちの主張に、返す言葉が見つかりませんでした。

同じ親から生まれたきょうだいとはいえ、独立すると勤務先や配偶者の資産状況によって、生活環境や経済的状況がそれぞれ違ってきます。

将来的に価値が上がることが見込まれる土地を、「そのときまで共有名義にして大事に保有しておこう。先々の楽しみのために今は待っていよう」と思えるのは、ある程度経済的にゆとりのある人だけでしょう。

経済的に困窮している人にとって、遺産相続というのは、勤め人の退職金と同様、

「まとまった額のお金を手にするラストチャンス」的な意味合いがあるのです。

このケースのように、きょうだいの中で経済的な差が生じていると、値上がりを待てる人・待てない人、将来的な収益を狙って不動産を活用しようと考える人・すぐに換金しないと気が済まない人、というふうに対立構造が生まれやすくなります。

そして、メインの財産が大きな土地ということで、問題はさらに複雑化します。

「大きな土地を持っているのは資産家の証《あかし》、困ることなんて何もないだろう」と思われるかもしれませんが、これはこれでトラブルの原因になる可能性が高いのです。

土地を均等に分けて、「売りたい人は売ればいいいし、売りたくない人は売らないようにすればいい」という単純な話ではありません。大きな土地は、それだけの面積があるからこそ、資産価値が上がることも多いからです。

このきょうだいのケースも、土地がそれなりの大きさだからこそ、市からの買収が期待できるのです。等分に分けて一部を売ってしまったら、価値が一気に下がる可能性があります。

まさに「土地」という財産があるがゆえに起こる、トラブルの一例と言えます。

〈事例3〉 母親の死去により相続が発生したケース（父はすでに他界）
相続人は長男Aと次男Bの2人。
相続財産は親の自宅と、現金3000万円および複数個所の土地。

きょうだいの家はもともと地主で、今でも近隣に10カ所あまりの貸宅地を所有しています。

遺産分割の際、その貸宅地をどう分けるのかでトラブルになりました。

というのも、ある一つの土地について、兄のAさんも弟のBさんも「ここだけはどうしても自分が相続したい」とお互いに譲らなかったからです。そして、その理由はそれぞれ異なっていました。

Aさんがその土地にこだわった理由は「一番条件がよく、駅近で、マンションを建てれば高収益を得られそうだから」です。

それに対して、Bさんがこだわる理由は「ここには以前、大好きだった友達が住んでいて、その両親にもかわいがってもらった。友達は若くして亡くなり、両親は引っ越したが、今でもつきあいがあり、訪ねるとご飯を食べさせてもらう仲だ。そんな思い出のある土地を、他人に売るわけにはいかない」というものでした。

兄のAさんは弟のBさんを「感情的すぎる。もう少し冷静に頭を使って、お金を手に入れることを考えたらどうだ」と思い、Bさんは Aさんに対し「金、金って何なんだ! 拝金主義者みたいな兄で情けない」と憤慨しています。

このケースのように、特定の土地をめぐってどちらも譲らず、トラブルに発展するのも珍しいことではありません。

他人からすると、「ほかにいくつも土地があるのに、どうしてそこにこだわるのだろう。うまく調整して分ければいいじゃないか」という話ですが、当人にとってはどうしても相手に譲れない理由があるのです。

そのこだわりの大本にあるのは、「**土地の価値**」と「**土地への思い入れ**」に大別できます。

土地を「収益を生み出してくれるもの」と考えている人は、その土地が持つ金銭的な価値が何よりも大切と考えます。土地はあくまでも収益を得るためのひとつの手段にすぎず、土地そのものに格別な思いは抱いていません。だからこそ、最も収益性の高い土地にこだわるのです。

一方、土地への思い入れがある人は、その土地で過ごした日々の思い出を大切にしたいと考え、手放すことは念頭にありません。収益性よりも、自分自身が大事に所有していくこと以外の道を考えることができないのです。

このように、同じ両親の元に生まれ、子供のころは仲がよかったきょうだいが、遺産相続をめぐって対立し、価値観の相違が露《あら》わになることがあります。

遺産分割をめぐってお互いに「あんな人だとは思わなかった!」ときょうだいが離反していく悲しいケースは、決して少なくありません。

これでは、よかれと思って子供に財産を残すために努力をしてきた親は浮かばれません。

〈事例4〉マンション一棟をめぐって、意見が対立したケース

母親の死去により相続が発生（父はすでに他界）。
相続財産は自宅（時価4000万円）、現金3000万円と戸数12戸の賃貸マンション（築20年、評価額は5100万円）
相続人は長男A、次男B、長女C子、次女D子の4人。

このケースの場合、遺産分割にあたり問題となったのが「相続財産のうち、賃貸マンションをどうするか」ということです。

亡くなった母親が所有していた賃貸マンションの家賃収入は月額60万円にもなりました。しかし、すでに築20年が経過していることから、今後、多額の修繕費がかかってくることが予想されます。

これに対して、相続人である4人の子供たちの意見はさまざまに分かれました。

「12戸を4人で均等に割って、3戸ずつの区分所有にしよう。そうすれば一人当たりの家賃収入が月15万円になる。これから始まる年金生活の足しになってありがたい」と長男のAさん。

「区分所有なんて、自分たちが死んで子供が相続するとき、余計な面倒を生みそうでイヤだ。俺はマンションはいらないから、その分、現金を多くもらいたい」と言うのは次男のBさん。

長女のC子さんは、「みんなはこの近辺に住んでいるからいいけど、私は遠くに住んでいるから、そう頻繁に自分のところの様子を見に来られない。いっそのことマンションそのものを売却して、その売却金をみんなで分けましょうよ」と早く結論を出したい様子。

次女のD子さんは「だいいち、3戸ずつ分けると言ったって、部屋の広さや階数が違うし、完全に均等には分けられないじゃない。不公平になるんじゃないの？　どうやってそれを調整するのよ？」とAさんの案に疑問を呈します。

4人は何度も話し合いましたが、それぞれの主張が翻ることはなく、一向にまとまらないまま、時間だけが過ぎていきます。

ついに長女のC子さんが、我慢できなくなり叫びました。

「こうやって遠くから話し合いに来るのに、どれだけ交通費がかかると思ってるの？　受験を控えた子供もいるのに！　さっさと決着をつけましょう！」


土地以上に悩ましいのが、相続財産に貸家が含まれている場合です。

特に、そこそこの戸数のある賃貸マンションに対して、きょうだい間で意見の食い違いが起こりやすい傾向があります。

マンション経営に対して「いいものだ」と考える人と、「トラブルの元だ」と考える人に、はっきり分かれてしまうのです。

「いいものだ」と考える人は、家賃収入が得られることに好感を持っています。賃貸マンションは、月々お金を生んでくれるありがたい存在ととらえているので、親が残してくれたマンションを所有し続けようとします。

「相続税の対策にもなるし、老後の資金源にもなる。こんなにいいものはないじゃないか」と考えているのです。

反対に「トラブルの元だ」と考える人は、マンション経営なんて面倒くさいだけだと思っています。収益よりもリスクの方に目が行ってしまうのでしょう。「空室になったらどうしよう。入居者に問題を起こされたらどうしよう。古くなったら修繕費もバカにならないだろう。建築資金の借金を今後も返済し続けられるだろうか。お金と気苦労ばかりでいいことなんかないじゃないか」と考えます。「そんなものを持っていても、トラブルの原因になるだけで、お荷物以外の何ものでもない、さっさと売って現金にしてしまったほうがせいせいする。現金の方がよほど使い道がある」というわけです。

同じ親から生まれたきょうだいで、親が賃貸経営によってそれなりに財産を築いたところを見てきているにもかかわらず、なぜこんなにも価値観が違ってくるのでしょうか。

もともとの性格の違いもあるのでしょうが、親しい友人や知人たちがマンション経営で成功した、あるいはトラブルになったなどの体験談に左右されていることも多いようです。

いずれにせよ、このケースも平行線をたどったまま、時間だけが経つことが多いです。中には相続税の申告が必要であるにもかかわらず、分割協議がまとまらないままに10カ月後の申告期限を迎えてしまう場合もあります。

〈事例5〉 先妻の子が遺産分割協議書にハンコを押してくれないケース

父親の死去により相続発生（母親はすでに他界している）。

相続財産は現金3000万円および父親が一人暮らしをしていた自宅（時価3000万円）。

相続人は長男A、長女B子、および先妻の長女C子の3人。

相続人である長男のAさんと長女のB子さんは、もう一人の相続人である先妻の長女C子さんの存在は知っていましたが、それまで一度も会ったことはありませんでした。連絡先がわからなかったので、父親が亡くなったときも知らせていません。

しかし、当然、C子さんも法定相続人の一人です。

Aさんは、トラブルにならないよう、不公平なく現金と自宅の売却益を3人で3分の1ずつ分けるという内容の遺産分割協議書を作りました。

すべてを弁護士に頼み、C子さんの居所を探してもらって連絡を取ったのはいいのですが、C子さんからは思いがけない返事がきました。

「こんなものにハンコは押せない」と言うのです。

実は、C子さんには、亡くなった父親と、後妻（AさんとBさんの母親）、そして後妻の子（AさんとBさん）に対して、積年の恨みつらみがあったのです。

後妻が父親と知り合ったのは、先妻（Cさんの母親）と父親がまだ婚姻関係にあったときのことです。いわゆる不倫関係に陥り、まもなく父親は先妻と離婚。そのときC子さんは高校生でした。多感な時期に父親の裏切りで心を傷つけられ、自分も母親も不幸になったという思いでこれまで生きてきました。

今までのうっぷんを晴らすかのようなC子さんの対応に、AさんとB子さんはとまどうばかりです。

相続人に先妻の子がいる場合、こうしたトラブルはけっこうな割合で発生します。理屈では割り切れない感情的なしこりが先妻の子に残っていることが多いからです。先妻との婚姻中に後妻と出会って、離婚、再婚に至った場合、特に高い確率でトラブルになります。

先妻との離婚後に後妻と再婚したような場合でも、「あちらは幸せに暮らしているのに……」と妬む気持ちが出てきてしまい、すんなりといかないことがあります。中には調停までもつれ込むことがあります。結局は法定相続分で分割することになるのですが、遺産分割協議が長引くため、相続人全員にとって心身の負担が大きくなります。

〈事例6〉不動産のほとんどが共有名義になっていたケース

相続人は長男A、長女Bの2人。

親の残した財産の相続税評価額は2億円。財産のほとんどは不動産。相続税額は3000万円。

ていました。

長男Aさんと長女Bさんは、父親がそれなりの財産を持っていることを知っていたので、「自分たちは相続税の課税対象になるだろうな」という予測はしていました。

しかし、具体的に「納税資金をどう準備すればいいか」ということまでは考えていませんでした。駅前の比較的いい場所にいくつもの駐車場を持っていたので、「いざとなったら、そのうちのどれかを売却して相続税の資金に充てればいいだろう」と軽く考えていたのです。

父親が亡くなって相続が起こり、相続税を納税するためにどの土地を売ればいいか検討しようと、初めて登記簿謄本を見た2人は驚きました。

土地のほとんどが父親のきょうだいたちとの共有名義になっていたのです。

父親は7人きょうだいで、父親も含めすでに5人が他界しています。亡くなった人の所有権はその子供たちに移っているため、相続人の数が自分たちを含めてなんと16人にものぼることがわかりました。

その中にはAさんとBさんが生まれてこの方、一度も会ったことのない従兄弟たちもいます。

あわてて知り合いの税理士に相談したところ、「共有名義のままでは土地の売買はできない。相続人全員に連絡を取り、土地売却のための承諾書にハンコをもらわないと」と言われ、AさんとBさんは途方に暮れてしまいました。


「うちは財産があるから、納税資金は心配がない」

「あの土地を売れば大丈夫」

こんな油断が、思わぬトラブルを引き起こすことがあります。

特に何十年も動かしていない土地がある場合は要注意です。祖父母が亡くなって代替わりするときに、あまり深く考えずにきょうだい全員の共有名義にしてしまっていることがあるのです。

相続税の納税資金として、何十年も動かしていない土地の売却金をあてにしている場合は、一度、登記簿謄本にしっかり目を通しておくことをお勧めします。

それは、このケースのように、一度も顔を合わせたことがなかったり、名前も聞いたことのないような親戚が相続人になっていることがあるからです。

思いがけず自分が土地所有者であることを知ったがゆえに欲が出てしまい、「土地を売るなら承諾料をもらわないとハンコは押せない」とか、「相続していきなり売りたいというのは、お前たち、都合が良すぎるぞ」などと、言い出さないとも限りません。

共有名義の土地は、自分の一存ではどうにもできないリスクがあるということを、よく認識しておいてください。

〈事例7〉相続税が課税されることを想定していなかったケース

法定相続人は長女A子、次女B子、三女C子。

相続財産は、自宅とその敷地。他に株や現預金など1億円。

この家では、亡くなった父親が上場会社の管理職として働いたことで、財産を築きました。

とはいえ、暮らし向きは質素だったため、３人の娘たちには自分の家に財産があるという意識はありませんでした。大学進学の際も家から離れることを許してもらえず、結婚するときも財産らしきものを持たされたことはなかったからです。

父親が亡くなった後、３人の娘たちは残された財産の額が思っていたより多いことに驚きはしたものの、相続税のことなどまったく念頭にありませんでした。

残された財産を何の争いもなく均等に分けて、相続は済んだものだと３人とも思い込んでいました。もちろん相続税の申告もしていません。

ところがある日、長女のＡ子さんの元に税務署から一本の電話がかかってきました。

「昨年、お父様が亡くなりましたね。お父様が残された財産について、いろいろ確認したいことがあるので、一度、ご自宅におうかがいしたいのですが、今週の木曜日はご都合いかがですか」

Ａ子さんは驚いて、その夜、税務署員の夫を持つ友人に電話し、帰宅していた夫に代わってもらいました。

そのとき初めて、父親の遺産相続のとき、相続税の申告書を出さなければならなかったこと、それをしないでいると、税務調査というものが入ってあれこれ追及された上、相続税を納付しなければならなくなることを知ったのです。

A子さんは相続でもらった現金を、すでに住宅ローンの繰り上げ返済と子供の留学のために使ってしまっています。

「相続税が課税されるなんて知らなかった……どうやって払えばいいんだろう?」

A子さんは不安で胸が押しつぶされそうになっています。


そもそも相続税に関する知識がなかったり、あっても「まさかうち程度の財産で課税されることはないだろう」などと油断したりしていると、後から税務調査が入って大慌てということになりかねません。

まず、大切なのは、自分の家の財産が相続税のかかるボーダーライン(=**基礎控**《きそこう》

除《じょ》）を超えるか超えないかを把握しておくことです。

今はインターネットでも情報が取れますし、本屋に行けば相続税に関する本がたくさん出ています。

本書でも第2章で相続および相続税について簡単に説明していますので、参考にしてください。ただし、財産には価格のわかりにくいものや、「こんなものまで相続財産なの？」と思えるものもあるので、注意が必要です。

「全財産を足しても、基礎控除ラインを超えることがない」ならば、相続税は課税されません。相続税のことを気にすることなく、相続人同士で円満に遺産分割を終えることに注力してください。

基礎控除ラインを超えるか超えないかわからないときは、税金の専門家である税理士に相談して、およその相続税評価額と相続税額を計算してもらうようにしましょう。相続税の申告を扱い慣れている税理士ならば、親御さんのプロフィールを聞いただけで、どれくらいの資産を持っているのかある程度予測がつくものです。

ただし、あくまでも「**相続税を多く扱っている税理士**」の場合だけです。後ほど詳しくご説明しますが、実はそのような税理士の数は決して多くはありません。

「うちはけっこうな資産がありそうだから、相続税がかかるかもしれない」という場合は、すぐにでも全財産の棚卸をして、相続税額がいくらくらいになるかを計算し、それをどうやって払うか、対策を立てるようにしましょう。

もたもたしているとあっという間に相続発生後10カ月の申告期限を過ぎてしまいます。遅れると加算税や延滞税というペナルティを払わなければならなくなるので、要注意です。

POINT

- 各相続人の経済状況やこれまでの境遇の違いによって、財産分けでもめるケースも多い。
- 不動産が原因で起こる相続トラブルは、各相続人に不動産に対する意識や捉え方の違いによって起こることが多い。

第 2 章

これだけは知っておきたい相続の基礎知識

1 親の財産を相続できるのは誰か？

相続とは

第1章では、相続財産に不動産が多く含まれている場合、トラブルが発生しやすいことを、事例を交えてご説明しました。

この章では、相続について、「最低限、これだけは知っておいていただきたい」ことを、わかりやすくお話ししたいと思います。

さて、まず基礎中の基礎である「相続とは何ぞや？」というところから、お話を始めましょう。

「**相続**《そうぞく》」とはある人の死亡により、その配偶者や子供などの親族がその財産を継承することを言います。

死亡した人は「**被相続人**《ひそうぞくにん》」、財産を継承する人は「**相続人**《そうぞくにん》」と呼ばれます。財産を相続できる人の範囲は「**法定相続人**《ほうていそうぞくにん》」として、民法でガイドラインが定められています。

ただし、法的に有効な遺言により相続人が指定されている場合は、そちらの方が優先されます。

では順番にご説明していきましょう。

法定相続人になれる人の範囲と順位

亡くなった人の財産をもらえる人は、どんな立場の人だと思いますか？

前述した通り、遺言がある場合、そしてその遺言が法的に有効だった場合は、遺言で指定された人（**受遺者**《じゅいしゃ》）が財産を相続します。

一方、遺言がない場合、あるいは遺言が法的に無効の場合は、法定相続人の間で話し合い、自由に分割割合を決めることになります。

法定相続人になることができるのは、次の4種類の立場の人たちです。この中で配偶者は特別扱いされている一方、配偶者以外の法定相続人には法律で順位が定められています（図表1）。

①配偶者（法律上の夫または妻）

どんな場合でも、被相続人の配偶者は必ず法定相続人になります。親族がいる場合はその人たちとともに法定相続人となり、親族がいない場合は、単独で法定相続人になります。

ただし、民法では法律上の夫または妻しか法定相続人と認めていません。したがって、遺言がない場合は、たとえ何十年も同居していたとしても内縁の妻や夫は遺産を受け継ぐことができません。

②子や孫などの直系卑属《ちょっけいひぞく》（養子を含む）……第1順位

被相続人に子がいる場合はその子が法定相続人になります。子がすでに他界している場合はその子（被相続人から見た場合、孫）が法定相続人になります。ただし、子

図表1　法定相続人になれる人の範囲と順位

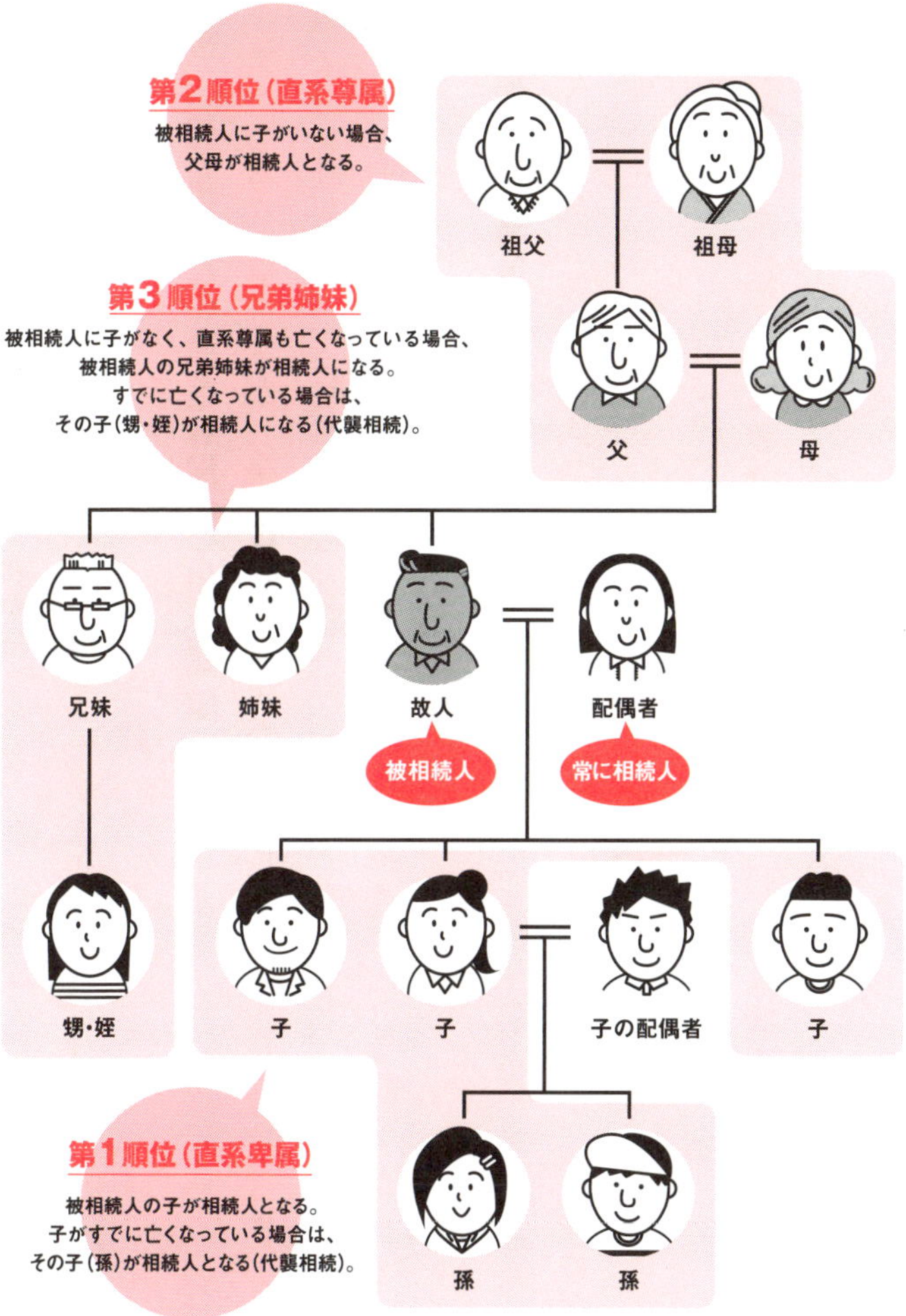
第2順位（直系尊属）
被相続人に子がいない場合、
父母が相続人となる。
祖父
祖母
第3順位（兄弟姉妹）
被相続人に子がなく、直系尊属も亡くなっている場合、
被相続人の兄弟姉妹が相続人になる。
すでに亡くなっている場合は、
その子（甥・姪）が相続人になる（代襲相続）。
父
母
兄妹
姉妹
故人
被相続人
配偶者
常に相続人
甥・姪
子
子
子の配偶者
子
第1順位（直系卑属）
被相続人の子が相続人となる。
子がすでに亡くなっている場合は、
その子（孫）が相続人となる（代襲相続）。
孫
孫

の配偶者は法定相続人になれません。親が世話になった長男の嫁に財産を分けてあげたい場合は、法的に有効な遺言でその旨を書いておく必要があります。

③父母、祖父母などの直系尊属《ちょっけいそんぞく》……第2順位

第1順位である直系卑属がいない場合、被相続人の父母が法定相続人になります。父母がすでに他界している場合はその父母（被相続人から見た場合、祖父母）が法定相続人になります。

④兄弟姉妹……第3順位

第1順位及び第2順位の親族がいない場合、被相続人の兄弟姉妹が法定相続人になります。

同じ順位の法定相続人が複数いる場合は、法定相続人同士で「**遺産分割協議**《いさんぶんかつきょうぎ》」を行ない、その協議の結果に基づいて、遺産を分割して相続することになります。

次に、順位ごとの法定相続人について詳しく説明します。

第1順位 「子」の範囲と代襲相続

法定相続人となれる「子」には、相続が発生したときに胎児だった子や、養子および非嫡出子《ひちゃくしゅつし》（法律上の夫婦以外の男女の間に生まれた子）も含まれます。

ただし、胎児が死産だった場合は、相続発生時にいなかったものとみなされるため、法定相続人にはなれません。

また、父親の死亡による相続の場合、父親に認知されていないと、法定相続人になることはできません。

養子については、普通養子の場合、養親《ようしん》（養子縁組で親になった人）・実親《じつおや》（実の親）の双方の法定相続人となることができますが、特別養子の場合は、養親の法定相続人にしかなることができません。

また、本来、法定相続人になるはずの子が、被相続人よりも先に死亡している場合は、その人の子（この場合は、被相続人の孫）が相続人になります。これを「**代襲**《だいしゅう》**相続**《そうぞく》」と言います。

直系卑属の場合、子が死亡しているときは孫、子と孫が死亡しているときはひ孫と、下へ下へと何代でも代襲することができます。

第2順位　父母・直系尊属

被相続人に子や孫などの直系卑属がいなかったり、全員が相続放棄している場合には、被相続人の父母・祖父母などの直系尊属が第2順位の相続人になります。

父母・祖父母など、親等の異なる直系尊属が複数いる場合は、親等の近い人が相続人になり、それ以外の人は相続人になることができません。

父母＝1親等、祖父母＝2親等なので、この場合は親等の近い父母が相続人になるということです。

第3順位　兄弟姉妹

被相続人に子や孫などの直系卑属（第1順位）及び父母・祖父母などの直系尊属

（第2順位）がいなかったり、全員が相続放棄している場合には、被相続人の兄弟姉妹が第3順位の相続人になります。

兄弟姉妹には、第1順位の子・孫などの直系卑属と同様、「代襲相続」が認められています。ただし、代襲が認められるのは、兄弟姉妹の子（つまり被相続人の甥・姪）までです。ここが無制限に代襲できる直系卑属とは異なっている点です。

なお、被相続人と父母を同じくするきょうだいを「**全血兄弟**《ぜんけつきょうだい》」、父母のどちらか一方を同じくするきょうだいを「**半血兄弟**《はんけつきょうだい》」と言いますが、どちらも相続人になることができます。ただし、半血兄弟の相続分については、全血兄弟の半分になります。

POINT

- 相続が起こった際、法律上有効な遺言があれば、遺言の内容通りに財産を分けることになる。
- 遺言がない場合、民法で定められた法定相続人同士が話し合って、相続の内容を決める。

2 相続できる割合はどうなっているか

法定相続分とは

遺言がない場合、配偶者以外の法定相続人については、先順位者がいれば、後順位者は相続人になれない、と先ほどお話ししました。

これはどういうことかというと、配偶者以外に子（第1順位）、父母（第2順位）、兄弟姉妹（第3順位）がいる場合、相続人になれるのは配偶者と子だけということです。父母、兄弟姉妹には相続権がありません。

もし、子がなく、父母、兄弟姉妹がいれば、兄弟姉妹より先順位の父母が相続人になり、兄弟姉妹はなることができません。

いずれのケースでも、配偶者は常に相続人になりますから、配偶者とその他の相続人で財産を分け合うことになります。

このとき、配偶者とその他の相続人が財産を相続する割合を「**相続分**《そうぞくぶん》」と言います。

相続する財産や割合は、相続人同士が話し合って自由に割合を決められるわけですが、話し合いがまとまらなかった場合に備えて、民法は「**法定相続分**《ほうていそうぞくぶん》」というものを定めています。

財産分けがうまくいかず、もめてしまうと最後は裁判になるのですが、裁判官はこの「法定相続分」を参考に各相続人の相続分を決めるのです。

配偶者とその他の法定相続人がいる場合のそれぞれの法定相続分は、民法の規定で、図表2のように定められています。

相続分は話し合いで自由に決められる

よく誤解されていることですが、**民法で定められている法定相続分は絶対的なものではありません**。

図表2　法定相続分

法定相続人	法定相続分
配偶者のみ	 配偶者が100%相続
配偶者と直系卑属（第1順位）	 配偶者1/2、直系卑属全体で1/2を分配 ※複数の子供がいれば、子供全体の法定相続分1/2をさらに均等に割る。
配偶者と直系尊属（第2順位）	 配偶者2/3、直系尊属が1/3を分配
配偶者と兄弟姉妹（第3順位）	 配偶者3/4、兄弟姉妹が1/4を分配
直系卑属のみ	 直系卑属全体で100%を分配
直系尊属のみ	 直系尊属が100%を分配
兄弟姉妹のみ	 兄弟姉妹で100%を分配

（注）直系卑属、兄弟姉妹には、代襲相続人を含む。

父親が亡くなった後、母親と一人息子が残されたからといって、必ず2分の1ずつ分けなければならないというものではないのです。

遺産は当人たちの意思によって、自由に分割することができます。

法定相続分とは、「**争いになったときに、法律ではこのように定められているので、権利を主張することができますよ**」というガイドラインに過ぎません。

相続人同士が話し合いをして、お互いに納得できるのならば、法定相続分にとらわれる必要はまったくありません。

POINT

- 法定相続人はその順位や立場によって、相続できる割合が民法で決まっている。これを「法定相続分」という。
- 「法定相続分」は争いになった際のガイドラインに過ぎず、相続人同士で合意ができるのであれば、自由に相続分を決められる。

3 遺言にはどのような効力があるか

遺言を書いておいたほうがいいケース

遺言で「**誰に何を相続させるか**」をはっきりさせておけば、余計な争いを避けることができます。

遺言がなかったばかりに、財産をめぐって骨肉の争いが繰り広げられたケースを見聞きすることが増えてきたためか、最近では作成する人が多くなってきました。

遺言があると、相続人が話し合い（遺産分割協議）をする必要がなくなるので、相続トラブルを未然に防ぐことができます。

また、次のようなケースに当てはまるときも、遺言を作成しておくことをお勧めします。

・子がいなくて、配偶者と兄弟姉妹（第3順位）だけが法定相続人になるが、配偶者にすべての財産を相続させたい場合
・跡取りの子に、財産を多く相続させたい場合
・子の配偶者（世話になった長男の嫁など）にも財産を相続させたい場合
・孫にも特定の財産を相続させたい場合
・再婚している場合
・身寄りのない方の場合

遺言は図表3にまとめた通り、主に3種類に分けられます。
では、それぞれの遺言の内容と作成方法について、簡単にご説明しましょう。

図表3　遺言の種類

	自筆証書遺言	秘密証書遺言	公正証書遺言
作成方法	遺言者がすべての内容を自筆で書き、押印する。パソコンでの作成は認められない。	遺言者が作成して、署名捺印し、封印したものを公証役場で認めてもらう。	公証人が遺言者の口述したものを筆記し、作成する。
作成者	遺言者	遺言者	公証人と遺言者
証人	不要	2人以上必要	2人以上必要
保管方法	遺言者自身で保管	遺言者自身で保管	原本は公証役場で保管
費用	かからない	証書作成手数料 ※一律 11,000円	証書作成手数料 ※相続財産の価格に応じた額
検認	必要	必要	不要
特徴	● 手軽に書ける。 ● 遺言の内容を秘密にできる。 ● 形式に不備があると法的に無効になってしまう。 ● 紛失や偽装、変造のおそれがある。 ● 遺言が発見されないおそれがある。	● 遺言の内容を秘密にできる。 ● パソコンで作成してもよい（署名・押印は必要）。 ● 形式に不備があると法的に無効になってしまう。 ● 紛失のおそれがある。	● 形式の不備により無効になることはない。 ● 公証役場で保管されるので、紛失や偽造、変造のおそれはない。 ● 遺言の内容を公証人と証人に知られてしまう。 ● 公証役場に行く手間と費用がかかる（公証人に出張してもらうことも可）。

自筆証書遺言

自筆証書遺言《じひつしょうしょいごん》は、被相続人になる人が相続を想定して、全文を自筆で作成して押印した遺言です。

決まり事は次の通りです。

①紙にすべて自筆で書くこと

あくまでも被相続人が自分の手で「**紙に書く**」ことが条件になっています。パソコンで作成して印刷したものは自筆証書遺言とは認められません。全文を自筆で書くのは、文字を書き慣れている人にとっても、なかなか骨の折れる作業です。まして高齢の人にとっては、負担が大きいのではないでしょうか。

複数の不動産を所有している場合、誰にどの不動産を相続させるか、細かく指定しておくようにしましょう。どの財産を指定しているのか特定できないと登記ができず、分割協議が必要となり、〝争続〟になってしまうことがあります。

②署名押印をすること

署名ももちろん自筆でなければなりません。押印は実印のほうが良いでしょう。

③誤りを訂正する場合は、押印が必要

また、文字に誤りがあった場合、上から修正テープを貼って訂正するというやり方をすると、法的に無効とされてしまいます。このようなときは訂正箇所に②で使用した印を押印した上で、欄外への付記や署名などルールに従った訂正方法でやらなければなりません。無効とされないために、誤りがあった場合は全文を書き直したほうが無難です。

④作成日が明記されていること

一般の人がよくやりがちなのが、最後に遺言を作成した日付を入れ忘れることです。「○月吉日」はダメです。正確な年月日を入れましょう。作成日が入っていない遺言も、法的に無効とされてしまいます。

⑤開封されていないこと

自筆証書遺言は、被相続人が亡くなった後、家族によって発見されることが多いものです。

もし、見つけてしまったらついつい中身を見たくなるのが人情というものでしょう。

しかし、勝手に開封してしまうと、**過料**という罰金を払わされる可能性があるので、注意しましょう。開封するには裁判所の検認が必要です。

また、これは決してあってはならないことですが、第一発見者が中身を読んで、自分にとって不利な内容だった場合、隠匿してしまうケースもあります。

⑥家庭裁判所の検認を受けること

自筆証書遺言は、発見した後、遺言を書いた人の住所地の所轄家庭裁判所に対して「検認の申し立て」を行ない、検認を受ける必要があります。

その際、「これで法定相続人全員ですよ」という証明をするための戸籍謄本などを揃えておかなければなりません。

自筆証書遺言書は、書いたのを発見して「はい、終わり。これで争いの種がなくなった」というほど単純なものではないのです。

こうして一つひとつ見ていくと、自筆証書遺言を落ち度なく作成し、法的な効力が認められるまでの道のりは、そうたやすいものではないことがおわかりいただけることでしょう。また、自筆証書遺言は、発見されないケースもよくあります。紛失・焼失・破棄のリスクがあるのです。

秘密証書遺言

何やら謎めいた名前の遺言ですが、**秘密証書遺言《ひみつしょうしょいごん》**は、被相続人が自分が書いた遺言の内容を秘密にした状態で封印し、公証役場で自分の遺言であることを認めてもらったものです。

ポイントは次の5つです。

①遺言の内容を誰にも知られずに済む（＝自分一人の秘密にできる）

②作成にあたっては自筆である必要はなく、パソコン（ワープロ）による作成も可
③ただし、署名（自筆）と押印、封印が必要
④公証人と証人2人の立ち合いのもと、公証役場に持参しなければならない
⑤発見後、家庭裁判所での検認が必要

パソコンで作成できる点が自筆証書遺言よりも楽ですが、公証役場への持参が必要なこと、その際、証人を2人頼まなければならない分、手間がかかります。

証人は、相続人やその配偶者など証人になれない人が定められていますので、無効にならないよう、注意が必要です。

また、自筆証書遺言と同様、発見者による隠匿などのリスクもあります。

公正証書遺言

公正証書遺言《こうせいしょうしょいごん》は、被相続人が公証人に遺言の内容を口述し、公証人がこれを筆記して作成したものです。公証人と証人2人の立会いのもとに作成されるので、一番安全で無効リスクのない遺言です。

公正証書遺言のメリットは、以下の通りです。

①信頼度が高い

公証人になることができるのは、裁判官や検察官を長く務めた法律実務のプロ中のプロです。正しい知識と豊富な経験を持ち、遺言者が言いたいことをうまく引き出して、文章にまとめてくれます。

そのため、あとから形式上の不備が見つかって、遺言が無効とされることはまずありません。

②裁判所の検認が不要

公正証書遺言の場合、自筆証書遺言や秘密証書遺言で必要とされた、裁判所の検認が不要となります。そのため、すぐに遺言に従って相続の手続きを始めることができます。

③改ざん、紛失の恐れがない

公正証書遺言は、原本が公証役場に保管されます。そのため、改ざんされる心配がありません。また、自宅保管していて紛失した場合でも、再発行してもらえます。

④出張による作成ができる

遺言者の中には、高齢で足腰が弱っていたり、入院中だったりして公証役場まで出向くことが難しい人もいます。そのような場合、公証人の方から遺言者のもとに出向き、遺言を作成する「出張システム」があります。

また、本人が署名できない場合、公証人が代わって署名することができます。

⑤証人を紹介してもらえる

最初に、公正証書遺言の作成には、「公証人と証人2人の立ち合いが必要」とお話ししました。「そうはいっても、証人になってくれそうな人の心当たりがない」という人もいることでしょう。

そんな場合も大丈夫。公証役場から証人になってくれそうな人を紹介してもらうことができます。

このように、いいことづくめの公正証書遺言ですが、あえてデメリットを挙げるとすれば、証書作成手数料（財産額によるが数万円程度）がかかることです。

POINT

- 遺言は相続上の無用のトラブルを未然に防ぐという意味でとても良い手段である。
- 遺言には様々な種類があるが、それぞれ要件が決まっている。法的に無効とならないよう、公正証書遺言がオススメ！

4

法律で最低限保障されている財産の割合とは？

遺留分《いりゅうぶん》

遺言がある場合、法定相続分に優先して遺言通りに遺産相続がなされることになります。

したがって、場合によっては、法定相続人であっても、遺言に相続分の指定がなく、「自分だけ財産がもらえない」といった事態になることもあります。

しかし、その場合でも、法定相続人には、民法で最低限の財産が保障されています。その最低限の財産が「**遺留分**《いりゅうぶん》」です。

たとえば、遺言者Aさんに、長男、次男、三男の3人の子がいたとしましょう。遺言に、「自分と同居して面倒を見てくれた長男に全財産を相続させる」と書かれていたとしても、次男と三男は遺留分を主張する権利を持っているのです。

遺留分の割合は、図表4のようになります。

また、遺留分の計算は次のように行います。

〈事例〉相続財産が現金3000万円で、妻と子供2人（長男、次男）がいる場合

①妻の遺留分

（遺留分）2分の1×（配偶者の法定相続分）2分の1＝4分の1（750万円）

②子供1人の遺留分

（遺留分）2分の1×（子供の法定相続分）2分の1×（子供一人当たり）2分の1＝8分の1（375万円）

また、遺留分の対象となる財産には、相続開始1年以内になされた贈与による財産

図表4　遺留分

区分 / 法定相続人	遺留分合計	各自の遺留分			
		配偶者	直系卑属	直系尊属	兄弟姉妹
配偶者のみ	1/2　1/2(被)	1/2	—	—	—
直系卑属のみ	1/2　1/2(被)	—	1/2	—	—
配偶者と直系卑属	1/2　1/2(被)	1/4	1/4	—	—
配偶者と直系尊属	1/2　1/2(被)	2/6	—	1/6	—
配偶者と兄弟姉妹	1/2　1/2(被)	1/2	—	—	なし
直系尊属のみ	1/3　2/3(被)	—	—	1/3	—
兄弟姉妹のみ	100%(被)	—	—	—	100%(被)

（注）(被)は被相続人が遺言で自由に決められる割合

も含まれます。

仮にこのケースで、被相続人が現金2000万円を妻に、1000万円を次男に相続させる遺言を作成していたとします。長男は半年前に住宅を購入したときに、現金1000万円を贈与してもらっています。

長男はそのことを忘れていて、「自分が親父の財産をもらえないのはおかしい！遺留分があるはずじゃないか！」と怒り出しました。

遺留分は最低限もらえるはずの財産なので、それがもらえないことを「遺留分を侵害される」といいます。

果たして、長男の遺留分は本当に侵害されているのでしょうか？

この場合、遺留分算定の基礎財産の額は、2000万円（妻相続分）＋1000万円（次男相続分）＋1000万円（長男贈与分）＝4000万円となります。

これに基づいて、遺留分を計算すると、以下のようになります。

・妻→4000万円×2分の1×2分の1＝1000万円
・長男→4000万円×2分の1×2分の1×2分の1＝500万円

・次男→4000万円×2分の1×2分の1×2分の1＝500万円

妻は遺言で2000万円、次男も同様に1000万円もらっており、長男も1年以内の贈与ですでに1000万円もらっているので、遺留分は侵害されていないことになります。

遺留分の請求

遺留分が侵害されている場合、遺留分を侵害している他の相続人に対して遺留分を請求することができます。これを「**遺留分減殺請求**《いりゅうぶんげんさいせいきゅう》」と言います。

遺留分減殺請求には、決まった方法や手続きというものはなく、一般的な債権の回収と同じように、相手に請求することができます。つまり、当事者間の話し合いで解決できるわけです。

話し合いがついたら、合意書を取り交わしておくといいでしょう。

話し合いで解決できなかった場合は、**遺留分減殺調停**《いりゅうぶんげんさいちょうてい》を行い、それでも折り合いがつかなかった場合には、訴訟となります。

遺留分減殺請求権の時効

遺留分減殺請求権は1年で消滅します。

1年の消滅時効の起算日は、自分の遺留分が侵害され、減殺の対象となることを知った日とされていますが、現実的には、被相続人が亡くなった日から1年と考えていいでしょう。

POINT

- 遺言があれば、遺言の内容通りに財産を分けることになるが、一定の法定相続人に最低限認められている権利が「遺留分《いりゅうぶん》」である。
- 遺留分の請求には時効がある。現実的には被相続人が亡くなった日から1年後である。

5 相続税はどのような場合にかかるのか

相続税がかかる人は意外に多い

ちょっと前まで、相続税というと「特別な資産家だけが課税されるもの。うちには関係ない」という認識が一般的でした。高額な基礎控除《きそこうじょ》があったため、課税対象となるのは亡くなった人のうち4%少々だったのです。

ところが、平成27年1月以降は、税制改正による増税で基礎控除額が引き下げられたため、課税対象が一気に増えました。

私の住む名古屋を所轄する名古屋国税局（愛知、岐阜、三重、静岡の各県を所轄）の平成27年のデータによると、亡くなった人が14万人でそのうち相続税が課税された人が1万6000人。割合にすると11％で、前年に比べて86％増となっています。10人に1人以上の人が相続税の課税対象となっているわけですから、「自分には関係ない」と思っていても、実は課税対象だったということもあります。

また、この調査によると、被相続人一人当たりの課税価格《かぜいかかく》（財産から債務を引いた正味遺産額）の平均は1億3000万円で、相続税額の平均は1500万円となっています。

相続税の基礎控除

では、相続税の基礎控除とはどれくらいの金額なのでしょうか。計算式は以下の通りです。

3000万円＋600万円×法定相続人の数

たとえば、法定相続人が妻と子供2人の場合、このようになります。

3000万円+600万円×3人=4800万円

なお、養子がいる場合、基礎控除額の計算上、人数が制限されます。

・実子がいる場合→養子は1人のみ法定相続人としてカウントされる
・実子がいない場合→養子は2人まで法定相続人としてカウントされる

◆相続税が「かかる」「かからない」はここで判定する

相続税が課税されるかどうかを判断するには、**正味遺産額**《しょうみいさんがく》（課税価格）を算出しなければなりません。

遺産の総額から借入金などの債務や葬儀にかかった費用などを差し引いたのが、正味遺産額です。正味遺産額には、相続開始前3年以内に被相続人によって相続人に贈与された財産も加算しなくてはなりません。

この正味遺産額から基礎控除を引いた額がプラスであれば相続税がかかり、マイナスであれば、相続税は課税されません。

〈例〉

被相続人Aさんの正味遺産額……現金2000万円、自宅の評価額1000万円・自宅敷地の評価額3000万円

相続人と基礎控除額……妻と子供2人、基礎控除額4800万円

6000万円（正味遺産額）－4800万円（基礎控除額）＝1200万円

1200万円のプラスなので、相続税が課税されることになります。

こうして数字にしてみると、「あれ？　もしかしたら、うちも相続税の対象になるのでは？」という印象を持たれた方も多いことでしょう。

相続税の基礎控除のラインが、平成27年に以前の6割に引き下げられた影響によって、相続税の課税対象がぐっと拡大したのです。

ただし、計算上、課税対象になったからといって、その人たち全員が相続税を納税しなければならないわけではありません。

というのも、遺産に不動産が含まれている場合、さまざまな評価減のしくみが働くからです。

たとえば、被相続人と同居していた相続人が、自宅の敷地を相続した場合、３３０平方メートル以下の部分については「**小《しょう》規《き》模《ぼ》宅《たく》地《ち》の評《ひょう》価《か》減《げん》**」の特例が適用でき、80%の評価減ができます。

前記の例だと、自宅の敷地の評価額３０００万円の80%が評価減できるため、相続税の計算上は６００万円となります。

すると、計算式は次のようになります。

3600万円（預貯金2000万円＋小規模宅地評価減適用後の自宅・敷地の価額1600万円）－4800万円（基礎控除額）＝▲1200万円

基礎控除額を差し引くと▲1200万円になるので、相続税は課税されません。


小規模宅地の特例についてはまたのちほど詳しくご説明します。

ここでは、これだけを覚えておいてください。

たとえ、結果として相続税が課税されない場合でも、特例などを使わなければ、相続税課税対象となる場合は、相続発生後10カ月以内に申告書を提出しなければなりません。

配偶者が相続する場合の特別な措置

配偶者が相続する場合も、特別な措置《そち》があります。

①配偶者の法定相続分（たとえば相続人が配偶者と子の場合、2分の1）
②1億6000万円

のどちらか「多い金額まで相続税が課税されない」ことになっているのです。

〈例〉正味遺産額の合計が4億円の相続の場合
①4億円×2分の1＝2億円
②1億6000万円
となり、①＞②となるので、この配偶者は正味遺産額のうち、2億円までは相続しても非課税とされ、それを超える分を相続すると超えた分に対して相続税が課税されることになります。

なお、この特例を受けるにはいくつか条件があります。

①相続税の申告期限までに遺産が分割されていること

相続税の申告期限は、相続開始から10カ月以内です。

申告期限までに財産分けが確定していないと、法定相続分で申告をしなければなりませんが、財産分けが確定していないと配偶者の特例は使えません。ただし、税務署への届出書を提出しておけば、申告期限から3年以内に分割したときに適用を受け、税金を取り戻すことができます。

いずれにせよ、遺産分割で紛糾《ふんきゅう》して裁判が長引くような事態になると、せっかくの特例を生かすことができない事態に陥りかねませんので、注意が必要です。

②法律上の配偶者であること

内縁の妻はこの特例を使えません。

③必ず相続税の申告を行うこと

この特例を使うことによって、結果として相続税が課税されなくなる場合でも、所轄の税務署に相続税申告書を提出しなければなりません。

また、申告書には、この特例を受けることを記載する必要があります。

また、申告を済ませた後、場合によっては税務署の税務調査が入ることがあります。このとき、隠蔽《いんぺい》や仮装《かそう》など虚偽《きょぎ》の申告だということがわかった場合には、この特例は適用されなくなります。

POINT

- 平成27年以降は法改正により、相続税の課税対象者が一気に拡大した。「自分には関係ない」と思わずに必ず財産をチェックしよう。
- 相続税には、基礎控除額や配偶者が相続する場合の特例などがある。制度の概要は知っておこう。

6

相続税の納付手続きはどのように行うか

相続税の申告期限

配偶者の特例の項目でも触れたように、相続税の申告期限は、相続があったことを知った日（被相続人が死亡した日）から10カ月以内に行わなければなりません。

提出先は被相続人の住所の所轄税務署で、相続人全員が連名で申告します。

もし、申告期限を過ぎてからの提出になると、加算税や延滞税というペナルティがかかってしまいます。

とはいえ、遺産分割でもめてしまい、10カ月以内に相続人同士の話し合いで解決がつかない場合もあるでしょう。

そのようなときは、仮に法定相続分の財産をもらったものとして相続税の計算を行い、相続人が各自で税金を納めることになります。

ただし、このような場合、税額を圧縮する小規模宅地の特例や配偶者の税額軽減などの特例の適用を受けることができません。

しかし、その後、話し合いに決着がついて遺産分割ができたとき、「**更正《こうせい》の請求《せいきゅう》**」という手続きをすることによって、各種特例が適用され、納めすぎた相続税が戻ってきます。

更正の請求は、原則として申告期限後3年以内に遺産分割が行われていないと認められません。できるだけ早く遺産分割協議を終えるようにしたいものです。

また、遺産分割後4カ月以内に「**更正の請求書**」を税務署に提出しないと認められませんので、注意してください。

結果的に課税されない場合でも、必ず申告を！

先ほども触れましたが、自宅の敷地に小規模宅地の特例が適用できたり、配偶者の特例を使うことで、計算してみると結果的に相続税が課税されない場合があります。しかし、そのような場合でも、申告は必ずしなければなりませんので注意してください。

納税資金が足りなかったときはどうする？

相続税は現金（金銭）によって一度に納付するのが原則ですが、納税資金が足りないときは、条件を満たしていると分割納付（「**延納《えんのう》**」と言います）が認められる場合があります。

条件は次の通りです。

①納付税額が10万円を超えていること
②延納申請書《えんのうしんせいしょ》を税務署に提出し、金銭納付が困難と認定されること
③担保があること（ただし延納税額が100万円以下で、延納期間が3年以下の場合は不要）

延納できる期間は最長20年で、利息（利子税《りしぜい》）もかかります。

20年というと、次の相続が起こってもおかしくないくらいの期間です。利子税も払いながら20年かけてようやく納税し終えたら、息つく間もなく次の相続が起こって、また納税に苦労するというのでは、子孫に財産を残す意味がわからなくなってしまいます。そのようなことにならないよう、しっかりと納税計画を立てていきたいものです。

物納は簡単には認められない

バブル崩壊後、相続税が払えなくて物納《ぶつのう》したという話をよく聞きました。そのため「いざとなったら物納にすればいい」と考える人が多いようですが、残念ながらそう簡単には行きません。

以下、物納が認められる条件についてご説明します。物納の話は少し難しいので、興味のない人は読み飛ばしてください。

①延納によっても納付が困難と認められること

物納が認められるのは、あくまでも金銭による納付（延納）が無理と認められた場合のみです。

この場合の「金銭」には、もともと相続人が築いた財産（相続人固有の財産）も含まれ、さらに相続財産の売却金や、相続人が勤め人であれば退職金の受け取りなど、近い将来に起こるであろう金銭収入も考慮されます。

なお、延納中にどうしても金銭による納付ができなかった場合、一定の条件を満たしていると、後からでも物納が認められることもあります。

②物納申請書《ぶつのうしんせいしょ》を相続税の納付期限までに提出すること

納税資金不足で、最初から物納を申請したいときは、相続税の申告期限までに所定の申請書を提出します。

なお、物納が却下された場合、20日以内に延納申請をすることができます。延納を希望する場合は、スピーディーに対応することが大切です。

③相続によって取得した、日本国内にある財産であること

物納する財産は、被相続人の相続財産でなければなりません。相続人がもともと持っている不動産などは対象になりませんので注意しましょう。

また、国内にある財産に限られ、国外のものは認められません。

④物納申請書に、登記事項証明書、測量図、境界確認書などの必要書類を添付すること

これらの書類をそろえるのには、それ相応の時間がかかります。物納を希望する場合は、早めに準備をするようにしましょう。

⑤税務署長の許可を得ること

期限内に申請をし、税務署長の許可を得ることで、物納ができるようになります。

物納できる財産の順位

なお、物納できる財産には以下のような順位があります。

・第1順位→①国債、地方債、不動産、船舶、上場株式など、②不動産・上場株式のうち物納劣後財産《ぶつのうれつございさん》

・第2順位→③非上場株式など、④非上場株式のうち物納劣後財産

・第3順位→⑤動産（車など）

物納劣後財産《ぶつのうれつございさん》とは、他の財産に比べて物納許可後の財産の売却等がしにくいと考えられる財産を指します。他に物納するのに適した財産がある場合、物納劣後財産は物納することができません。

ただし、他に物納するのに適した財産がない場合、税務署長の許可により、物納することが認められることもあります。

POINT

- 相続税の申告期限は相続が起こった日から10カ月後である。これを過ぎてしまうと、ペナルティが科されてしまうので注意!
- 相続税の納税資金が足りない場合、延納《えんのう》や物納《ぶつのう》が認められることもある。ただし、物納はハードルが高い。

第3章

これだけ知っておきたい不動産相続の基礎知識

1

相続財産としての不動産のメリット、デメリット

不動産のデメリット

相続財産として不動産を考えたとき、現金や株式などの金融資産とはまったく違った性質が見えてきます。

それは「**一つとして同じものがない**」という性質です。

預貯金は言うに及ばず、上場株式などは価額の変動こそあれ、取り扱い証券会社が異なっても、資産そのものの価値は変わりません。

ところが不動産の場合、たとえば「南向きの、330㎡の更地」という道路付きと面積が同じ土地が複数あったとしても、立地やその他の条件により、すべて資産価値

が異なってしまうのです。

しかも、実際に売ろうとしたときにいくらで売れるのかは、売ってみなければわかりません。売り手が「一刻も早く売りたい！」と思えば価格は下がりますし、逆に買い手が「どうしてもこの土地がほしい！」と思えば、高くなります。景気の良し悪しにも左右されます。

このように「**本当のところ、いくらなのか価格がわかりにくい**」というのが、不動産の性質の一つです。

また、現金などと違って、不動産は分けにくい財産でもあります。

第1章の事例でご紹介したように、大きな土地をどう分けるかでトラブルになったり、同じような土地が複数あったとしても、まったく同一条件ということはあり得ないので、誰がどこをもらうかでトラブルになることが多いのです。

「**価格がわかりにくい**」「**分けにくい**」。この2つが、相続財産としての不動産のデメリットであり、相続争いを生む原因になっています。

不動産のメリット

しかし、その反面、不動産には相続財産としてのメリットもあります。

①不動産はうまく利用すれば収益を上げられる

少子高齢化が進む日本では、国の年金財政は悪化の一途を辿っています。これから親御さんの相続を迎える現在40代以降の世代は、公的年金だけで暮らすことは不可能になるでしょう。

しかし、親から受け継いだ不動産を上手に活用すれば、「自前の年金」を作ることが可能になります。

②不動産にはさまざまな評価減の仕組みが働く

1億円の金融資産の評価額はあくまでも1億円ですが、時価1億円の不動産は、一般的にその70％程度が相続税評価額となり、30％の評価減になります。そのため、相続財産の評価を圧縮することができ、相続税の軽減につながります。

また、特に先祖代々同じ場所に住んできた人たちにとって、「先祖が代々引き継いでくれた土地がある」ということそのものが、精神的なよりどころになっていたりします。

直接的なメリットではないかもしれませんが、これもまた不動産を所有する上での、重要なファクターになります。

堂々と「これは自分の土地だ。親から受け継いで、自分が守っていく」と言える場所を持っている安心感は、他に代えがたいものがあるでしょう。

POINT

- 相続財産としての不動産のデメリットは、「分けにくい」「価格がわかりにくい」の2点である。
- 相続財産としての不動産のメリットは、うまく活用すれば収益を生むことや税計算上の様々な評価減のしくみがあることである。

2

不動産の相続税評価額はどのようにして決まるのか？

不動産は「一物四価《いちぶつよんか》」

日本の土地評価は、とても複雑です。

みなさんは「**一物四価**《いちぶつよんか》」という言葉を聞いたことがありますか？「一つのものには四つの異なった価格がある」という意味で、土地の価格の複雑さを象徴する言葉としてよく使われています。

「四つの価」とは、次の価格を指しています（図表5）。

図表5　不動産につけられる4つの価格

項目	意義	所轄官庁	割合(目安)※	備考
公示価格	国土交通省による土地鑑定委員会が地価公示法に基づいて調べた価格	国土交通省	90%	土地の適正価格を判断する際にもっとも目安となりやすい。
路線価	相続税や贈与税を課税するために決定する価格	国税庁	70〜80%	価格が著しく低い地域では変動する実勢価格よりも高くなる場合がある。
固定資産税評価額	固定資産税を算定するために決定する価格	市町村	60〜70%	固定資産税に限らず、不動産取得税や登録免許税等の算定基準にもなる。
時価（実勢価格）	市場で実際に取引が成立した価格	—	100%	マーケット・プライスのこと。実際に取引がなかった場合は周辺の取引価格から推定。

※実勢価格を100%とした場合

①公示価格《こうじかかく》
②路線価《ろせんか》
③固定資産税評価額《こていしさんぜいひょうかがく》
④時価《じか》（実勢価格《じっせいかかく》）

1つの土地に対して、どうしてこんなにもたくさんの価格がつけられるのか？　その理由についてご説明しましょう。

土地の価格はなぜ複雑怪奇？

土地の価格が複雑になる理由として、④「**時価（実勢価格）の把握が難しい**」ということが挙げられます。

逆に言うと、土地の時価がいつもクリア

になっていれば、公示価格や路線価、固定資産税評価額など、他の価格はいらないのです。それがクリアでないから、複雑怪奇にならざるを得ないわけです。

実際に不動産を売買するとき、価格を決めるのに最も参考になるのは「最近の取引事例」です。ところが、そうそううまい具合に近くで不動産売買があるわけではありません。1年以内に1件あればいい方で、長い間、取引がなされていないことがほとんどです。

つまり、「参考にできる事例がない。だから価格がわからない」ということになるわけです。

また、仮に取引事例があったとしても、「それが本当に妥当な価格か」というと疑問です。先ほども触れたように、不動産取引には、買い手と売り手の状況がからんでくるからです。

売り手が売却を急いでいたら価格は下がりますし、買い手が「どうしてもこの土地を！」と望めば価格は上がります。

このように、「**どういう状況、どういう理由で、誰に売るのか**」によって、不動産の価格は全然違ってくるのです。

余談ですが、よく言われているのが、「隣の人に売るのが一番高く売れる」ということです。隣の人は、その土地を一番活用できますし、更地のままでも誰が買うかわからないという不安が解消されるからです。

しかも、向こうから「買いたい」と言ってきたらしめたものです。土地に対するこだわりがあるので、相場より高く買ってくれる可能性が高くなります。

不動産評価のいろいろ

さて、不動産の実勢価格がこれほどまでに決めるのが難しいものならば、そこに税金をかけるためにはどうしたらいいのでしょうか？

まずは、不動産取引の基準となる価格を決めないことには話になりません。

そこで、国は毎年1回、1月1日時点の日本各地のポイントとなるような土地の価格を「**公示価格**」として決め、3月ごろに発表しています。国土交通省の土地鑑定委員会が定める日本の土地取引の指標となる価格です。

この公示価格を元にして、相続税や贈与税の評価額として**路線価**が定められ、また固定資産税と不動産取得税を算定するための評価額として**固定資産税評価額**が定められているわけです。

路線価は、国税庁が毎年1月1日を評価時点として定め、7月に発表します。

実は路線価で決められているのは、土地そのものの価格ではなく、道路についている標準的な土地の1平方メートルあたりの価格です。道路に記載されている価格に所有地の面積を掛けて、評価額が決まります。

ただ、路線価は、それぞれの土地の形状や条件について考慮されておらず、道路(地域)ごとに一律に価格が決められています。同じ地域内であれば、隣がカラオケスナックだろうが、使いづらい形の土地だろうが、路線価は同じになってしまいます。

そのため、次項でお話しする「評価減」をすることが可能なのですが、納税者にとって不利にならないよう、価格は公示価格の80%が目安とされています。

固定資産税評価額は、市町村などの自治体が3年に一度改定します。毎年改定しているわけではないので、実勢価格と差が生じている場合があるため、納税者が不利益をこうむることのないよう、公示価格の70%程度が目安とされています。

なお、これらの不動産評価額のうち、建物について価額が定められているのは、固定資産税評価額だけです。他は土地のみを対象とした評価額になっています。

土地にはさまざまな「評価減《ひょうかげん》」がある

土地は現金や有価証券とは異なり、現状のままでは自分の好きなように利用できないことがあります。

たとえば、人に貸している土地を、「自分のものだから」と言って自由に使うことはできません。

また、場所によっては法律の縛りがあって、所有者とはいえども自由に建物を建てられないなど、利用制限がかかる場合がよくあります。

それらを考慮して、土地の評価額を適正なものにするのが「**評価減《ひょうかげん》**」です。

評価減は、形状や環境による評価減と権利による評価減に大別できます。

前者は、見てわかる土地の形状や周りの環境によるもので、たとえば形が悪い、がけ地になっている、周りが騒がしい、道路のつき方が悪い、などのケースが該当します。後者は、借地権がついている、道路が通る予定があるので自由に建物を建てられない、公共用地として使う予定があるので勝手に手を入れられない、など見ただけではわからないケースが該当します。

評価減を知らないと、払わなくていい税金を払うことになる？

一般の人にとっては、「土地の評価減？　なんじゃそりゃ？」という程度のものでしょう。「知っても知らなくても、自分の人生に関係ないのでは？」と思う人がほとんどなのではないでしょうか。

ところが、そうとも言い切れないのです。

相続税がかかるのか、かからないのかのボーダーラインにいる人や、明らかに相続税がかかる人にとって、評価減に関する知識の有無は非常に大きな意味を持っています。

というのも、相続税申告書を提出するとき、「私が相続したこの土地は、かくかくしかじかの理由で評価減になります」ということを記入しなければならないからです。

知識がなくて記入していなかった場合、評価減を適用する前の金額に課税されてしまうのです。

税務署の仕事は、ある意味、納税者からできるだけ多くの税金を取ることです。納税者に有利なアドバイスをすることは、税務署の仕事の範囲外なのです。

したがって、納税者が提出した申告書について、「お宅は、この土地とこの土地が評価減の対象になりますよ。申告書を書き直せば、納税額が少なくなりますよ」など と、アドバイスしてくれることはありません。

納税者が「税金をこれだけ払います」と言っているのだから、「そうですか」と受け取るだけです。

これは何を意味すると思いますか？

そうです。私たち**納税者側にきちんとした知識がないと、払わなくてもいい税金を払う羽目になってしまう**ということです。

土地の評価減について、知っていると知らないとでは大違いということがおわかりいただけたでしょうか。

◆広大地《こうだいち》の評価減とは

さて、土地の評価減に関する知識は、相続財産の評価額を引き下げ、相続税の圧縮をするためには欠かせないものですが、仕組みが複雑でわかりにくいため、一般の人はもちろんのこと、税務のプロである税理士でさえ、使いこなせている人が少ないという現状があります。以下、ご説明していきましょう。

適用するかしないかで、相続税評価額に最も大きな差が出るのが、**広大地の評価減**です。

広大地とは、一般的には５００㎡以上ある土地で、都市計画法で定められた開発行為を行う場合に、道路などが必要になる土地を言います。ただし、大規模工業用地に該当するものや、中高層マンションなどを建てるのに適しているものは除かれます。

なぜ広大地が評価減になるかというと、大規模工場やマンションを建設するのでない限り、その土地を売却する場合には、道路を通して細切れにしなければならず、道路部分のいわゆる潰れ地が出るからです。

税務署側からすると、「道路の建設の必要などがあれば広大地として認めるが、道路が必要ないようなら広大地には該当しない」という判断になります。

しかし、申告する側にとっては、広大地として認められるかそうでないかは大問題です。というのも、広大地として認められると、最大65％の評価減になるからです。

たとえば路線価1億円の土地があったとしましょう。これが広大地として認められれば、最大65％評価減で評価額が３５００万円になります。65％も相続税評価額を圧縮できるわけです。

ただ、この広大地の評価減ですが、平成29年度税制改正で見直されてしまいます。平成30年1月からは名称が広大地から「**地積《ちせき》規模《きぼ》の大《おお》きな宅地《たくち》**」に変わり、評価減も20％〜30％程度まで半減し、対象となる土地の範囲も狭くなりますので、注意が必要です。

広大地を使おうとしない税理士が多い理由

実際の相続税の申告にあたって、広大地の評価減はそれほど使われていません。たとえ相続税の申告を税理士に頼んだとしても、使われないケースも多いというのが現状です。

なぜかというと、広大地としての申告に対して、税務署が「いや、これは広大地ではない」と否認《ひにん》してくる例が、全国的に多いからです。否認されるのを恐れて、税理士が使おうとしないのです。

お客様に対して、「大丈夫。この土地は広大地ですから、本来1億円ですが、3500万円に評価額を圧縮できますよ」と言って喜ばせておきながら、税務調査が入ってしまい、「これは広大地ではない」ということで6500万円も評価額が増えてしまったら、どうなると思いますか?

お客様は1000万円以上の追徴税を納税しなくてはならなくなります。

お客様からすれば、「あなたを信じていたのに、いったい、どうしてくれるんだ?」という話でしょう。税理士にとっては、危険要因になってしまいます。このような事態を恐れて、初めから広大地の評価減を使わずに申告するケースが多いのです。

確かに違法ではありません。どこからも咎められる筋合いはないのですが、こういう税理士に申告を頼んでしまうと、納めなくていい税金を納めることになってしまいます。

相続税申告の経験豊富な税理士が少ない理由

ここで、相続税と税理士の関係についてお話しします。

「税理士が、税務署の否認を恐れて、広大地の評価減を最初から使わないケースが多い」と申し上げました。「税理士といえば、税務のプロなのに、そんなことがあるのか？」と驚かれた方も多いことでしょう。

決して弁解するわけではないのですが、これは仕方のないことなのです。

なぜならば、これまで相続税の申告数が少なかったため、多くの税理士は、十分な実務経験を積むことができない状況に置かれているからです。

国税庁の発表によると、平成27年の相続税の申告件数はおよそ10万件、税理士の数はおよそ7万7000人とされているので、1年間の一人当たりの担当件数は1・3件弱ということになります。

平成25年3月以前、相続税の基礎控除額が低くなる前は、申告数はもっと少なく、年間の担当数はおよそ0・7件でした。

法改正により申告数が倍増したにもかかわらず、この数字です。

中には何年かに一度しか相続税の申告をしたことのない税理士もいるでしょうし、もしかしたら経験ゼロの税理士も少なくないかもしれません。

毎年1件ずつ手がけたとしても、なかなか知識の定着と経験の蓄積ができるところまではいかないでしょう。その都度、本を読み、失敗のないように作業するのが精いっぱいというのが実情でしょう。

その一方で、相続税に強い税理士法人も一部、存在します。手前味噌になりますが、私の税理士法人もそのうちの一つです。

「相続に強い」と言われる税理士事務所では、年間に扱う相続税申告件数が数十件以上と、一般の税理士事務所に比べて受注数が多い特徴があります。また、相続税専門の部門を持っていますので、専門部門のメンバーは相続税の申告ばかりやっているのです。

経験数が多い分、ノウハウの蓄積ができるので、わかりづらい広大地の評価減などについて、税務署に認められるための条件なり、書類の書き方なりがよくわかっています。

また、一般に相続に強いと言われる税理士事務所は、弁護士や不動産鑑定士、司法書士、土地家屋調査士、測量士などとの連携体制ができていることが多いようです。相続を扱うためには、遺言や不動産についての深い知識が必要不可欠になります。法律的に解決が必要になる場面も出てくるでしょう。それぞれのプロでないと手に負えない事態がしばしば発生するので、即座に対応できるような体制を取っているのです。一枚岩のチームとなって、お客様の利益のために力を尽くすというイメージです。

POINT

- 「一物四価《いちぶつよんか》」という言葉に代表されるように、不動産の評価法には様々な種類がある。
- すべての税理士が相続税や不動産に詳しいとは限らない。依頼する際には必ず相続税や不動産の専門税理士に頼むべき。

3 相続の際に問題となる土地にはどのようなものがあるか

貸地《かしち》があったら要注意！

さて、次に相続の際に問題になる土地についてのお話をしたいと思います。

その筆頭が、個人に貸している土地（貸地）です。

「土地を貸したら返ってこないと思え」という言葉を聞いたことはありませんか？

まさに貸地の厄介さを象徴している言葉だと、私は常々感じています。

「相続税が発生したら、貸地を売って納税しよう」と考える人は多いですが、「それでは遅いですよ」と私は声を大にして言いたくなります。

というのも、貸地には**借地借家法**《しゃくちしゃっかほう》が適用され、借りている側が強い権利を持っているからです。

ここで、借地借家法について少しご説明しましょう。

借地借家法には、通称で旧法と呼ばれるものと新法と呼ばれるものがあります。

旧法の借地借家法では、契約期間が満了しても、その土地に借地人の建物があった場合、立ち退いてもらうことが非常に困難でした。

そこで、「これでは土地の有効利用がしづらい」ということで、平成4年8月に新たな借地借家法が施行されました。これが新法です。

新法では、旧法の普通借地《ふつうしゃくち》に加え、土地を貸すときにあらかじめ契約期間を定めておき、その期間が終わると貸借関係が消滅し、建物を取り壊して更地にして土地を貸主に返すという定期借地借家制度《ていきしゃくちしゃっかせいど》がつくられました。

土地の持ち主である貸主にとっては、自分のところに確実に土地が戻ってくるので安心できますし、借主にとっては自分の土地を購入して建物を建てるよりはコストが低くなるので、双方にメリットがあるということで、新法施行当時はけっこうな話題になりました。

借地権《しゃくちけん》はそのままにしておくと相続されてしまう

問題になるのは、定期借地《ていきしゃくち》ではない貸地《かしち》（**普通借地**）が相続財産に含まれている場合です。新法が施行されたのが平成4年8月ということから察するに、**今現在、相続の対象となる不動産の多くは普通借地である**と言えます。

特に「おじいさんの代から貸している」などという場合は要注意です。時代をさかのぼればさかのぼるほど、今のようにきちんとした賃貸借契約書を作ったり、期間が満了するたびに契約をし直したりしているケースが少なく、ほとんどが「一度貸したら、貸しっぱなし」になっているからです。そして、その多くは、地代《ちだい》が昔のままで値上げされておらず、土地の固定資産税を差し引くとほとんど手もとに残らないという状況が続いています。

そもそも借地権というのは、建物所有者が持っている権利なので、建物所有者が代替わりすると、借地権も切れ目なく相続されてしまうのです。

たとえば、祖父が借りた土地に家を建てて住み、祖父の死去後、父親がそのまま住み続け、父親の死去後、その息子がまた住んでいる……というふうに、3代にわたってあたりまえのように住み続けているということがよくあります。

本来ならば、祖父が死去した時点で、家を相続する父親が借地上の建物の相続登記を行うべきで、父親から息子に代替わりしたときも同様です。

でも、それがなされていないケースも多いのです。

これには理由があります。

人が亡くなった後、さまざまな手続きが必要になるのは、みなさんも経験上、よくご存じのことでしょう。死亡届を出したり、年金受給をストップしたり、銀行口座の名義を変更したりと、すべきことがたくさん出てきます。

ところが、その「すべきこと」の中に「不動産の相続登記」は含まれていないのです。放置したからと言って、何か罰則があるわけでもありません。本当はすべきなのだけれども、しなければしないで済んでしまう……それが不動産の相続登記です。

このようなことが背景にあるので、それこそおじいさんの代に貸したような土地は、代替わりを繰り返していて、「もうどんな人が住んでいるかわからない」ということになっている場合も多いのです。

立ち退いてもらうのは容易ではない

今、この本を読んで「大変だ！　うちにもそんな貸地がある！　すぐに立ち退いてもらおう！」と思っても、そうは問屋が卸しません。

先ほどもお話ししたように、普通借地は借りている側の権利が非常に強く、立ち退きには正当《せいとう》な事由《じゆう》が必要だからです。

「正当な事由」として認められるのは、たとえば3カ月以上賃料を滞納しているとか、近隣に騒音などですごい迷惑をかけているとか、建物の老朽化が激しく今にも倒れそうである、空き家がある、などといったケースです。

相手の相続や、地代未納のタイミングをうまくつかむ

このようなことのないよう、貸地がある場合は、借地人の状況をしっかり把握しておかなければなりません。昔から個人に貸している土地を持っていたら、今すぐに対

策を講じるようにしたいものです。

長年ほったらかしにしておいて、いざ相続税を納税しなければならない段になって、「貸している土地を売って現金化すればいいだろう」というのは通用しません。

私は、日ごろからよく地主さんに「借地人が亡くなって相続が発生したタイミングを逃さないようにしてください」と言っています。

契約を見直すにはこのタイミングがベストだからです。こちら側からも言いやすいですし、先方も納得しやすいでしょう。

たいていの場合、建物がかなり古くなっているので、家を相続した子供たちは積極的に「ここに住み続けたい」とは思っていないことも多いのです。

相続が発生したら、なるべく早めに「これだけ立退料《たちのきりょう》を払うので、出て行ってほしい」という話をしたほうがいいでしょう。

モタモタしていると、周りから「借りている土地なら、あなたに借地権があるから、うまくすれば高い立退料をもらえるよ」など知恵をつけられてしまい、長引く可能性が出てきます。

立ち退きしてもらいたいときだけでなく、地代をアップしたい場合も、相手に相続が起こったときを上手に利用するようにしましょう。

中には、祖父の代に契約したときとほとんど変わらない地代で貸し続けている場合もあるのです。

あなたは自分の家の貸地の地代がいくらか把握していますか？　もしわからないなら、すぐに調べるようにしてください。

調べた結果、近隣の相場に比べて地代が安いことがわかったら、適正な地代になるように話をするといいでしょう。

おそらくご自分では切り出しづらいと思うので、弁護士などからやんわりと言ってもらうようにするといいのではないでしょうか。

相続のタイミング同様、借地人が地代を滞納しているのも、貸主にとっては立ち退きをしてもらうチャンスになります。３カ月以上の未納となると、貸主の側に正当な事由があるものとして、立ち退き請求が認められやすくなるからです。

いずれにせよ、借地がある場合は、生前に対策を取っておくことが大切です。借地のまま相続が発生すると相続税がかかる上に、場合によっては払った相続税を下回る金額でしかその土地を売却できなくなる可能性があります。借地の相続はトータルするとマイナスになることも多いのです。

このような場合は、相続が起こる前に借地人に売ってしまうことで、相続税が安くなりますし、いくらか手もとにお金が残るかもしれないので、相続対策になります。

共有名義《きょうゆうめいぎ》の土地が一番厄介

権利関係が複雑な土地は売りにくいものですが、中でもそのトップにくるのが共《きょう》有名義《ゆうめいぎ》の土地です。

極端な話になりますが、たとえば共有名義人が100人いる土地は、「絶対に売れない」と断言できます。

なぜかというと、土地を売るには、共有名義人全員の印鑑が必要だからです。現実的に考えて、100人もの人の印鑑を集められるわけがないのです。

そもそも、共有名義になっている土地だとわかった時点で、買主が露骨に嫌がり出すことも多いです。面倒なことが起こるのが予想できるからです。

私も、本社を移転させる計画を立てていたある企業が、売主から「もう一方の共同名義人がどうしても印鑑を押してくれないので、お宅には売れません。白紙に戻してください」と言われて、お流れになってしまったという話を聞いたことがあります。

共有名義人が多ければ多いほど売りにくいですし、足元を見られて安く買いたたかれるということもあります。

「平等に」の精神で共有名義にしたのがアダになる

共有名義の不動産は、昭和40年代以降に相続した財産に多く見られます。

戦前の日本では、いわゆる「家督相続《かとくそうぞく》」制度により、長男に全財産を継がせるのが一般的でした。いいか悪いかの問題ではなく、その制度があったからこそ、代々の財産を効率よく守ってこられたと言えます。

ところが戦後、旧来の家《いえ》制度はなくなり、平等主義の世の中になりました。きょうだいは長男も次男も、男の子も女の子も区別なく平等になり、財産も全員で分けるのがよいということになったのです。

そんな時代背景の中で、「なんでもかんでも共有名義にすれば平等だ」という考え方が徐々に広まり、多くの共有名義の土地を生み出す結果となりました。

親が子供たちみんなのために「よかれ」と思ってしてくれたことが、一番のトラブルになっているとは、残念なことです。

ただし、共有名義の不動産は、全員の合意による共有物分割《きょうゆうぶつぶんかつ》という方法で共有関係を解消することもできます。

共有物分割の方法は次の3つがあります。

①現物分割《げんぶつぶんかつ》……共有割合にしたがって均等に分ける

②代金分割《だいきんぶんかつ》……不動産を売却して、持ち分にしたがって売却代金を分割する。①が困難な場合に用いる

③価格賠償《かかくばいしょう》……誰かが単独所有する代わりに、他の共有者に持ち分相当額の金銭を支払う

詳しくは、不動産相続を多く扱っている税理士や司法書士に相談してみてください。

築古《ちくふる》のマンション1棟残されても困るだけ

築年数の古い賃貸マンションも、悩ましい相続財産の一つです。マンションの状況次第では、相続税が高額になる場合があります。

また、古くなればなるほど、市場での価値が下がって入居者が集まりづらくなる半面、修繕費がかかってくるようになります。収入は減る一方なのに、逆に維持管理コストが増えるという状況になってくるわけです。

これを改善するには、資金をつぎ込んでリフォームやリノベーションをして、物件を魅力的なものにするか、思い切って建て替えたりしなければなりません。

いずれにせよお金がかかるので、手放しで喜べる相続財産とは言い難いでしょう。人によっては、「面倒なものを相続した」という気持ちになるのではないでしょうか。

親が築古のマンションを持っている場合は、生前に大規模リフォームをするか、建て替えるかを検討したほうがいいでしょう。親が費用を払えば、その分、相続財産も減るので節税にもなります。

不動産の維持コストに敏感になろう!

不動産は所有しているだけでコストがかかります。何もしなくてもいい土地や建物は、ほとんどないと考えてよいでしょう。

まず、毎年課税される固定資産税です。

次に、メンテナンス費です。

建物を維持していくには修繕が必要になります。特に賃貸アパートやマンションを所有している場合、経年劣化《けいねんれっか》で外壁や水道の配管などが傷んできます。一定期間ごとに大規模修繕をしなければなりません。

更地の場合は、定期的に草刈りをしておかないと、近隣からのクレームの対象になることがあります。

長い目で見ると、相続税の納税額も、維持コストと言えるでしょう。

私は「相続が三代続くと財産がなくなる」という言葉について、相続税や所得税も含めた不動産の維持管理コストがかかりすぎることが原因ととらえています。

不動産は所有しているだけで、財産を食いつぶしていく性質を持っているのです。
たとえば、更地の場合、固定資産税がマックスでかかってきます。
固定資産税の標準税率は1・4％。そこに都市計画税の0・3％を加えて1・7％。
毎年、固定資産税を払うということは、「何も生み出さない土地が、財産の1・7％を減らしていく」ということなのです。

現金なら、預金口座に預けておけば減ることはありません。3000万円預けたら、ペイオフを除いて、何十年経っても3000万円のままです。場合によっては、わずかな利息がつくかもしれません。

ところが、更地の場合はそうはいきません。3000万円の更地ですと、固定資産税評価額は一般的に7掛けの2100万円程度なので、毎年その1・7％の固定資産税（約36万円）を払っていったらどうなるでしょうか？

3000万円÷約36万円≒83年

90年弱で、その更地と同額の、現金3000万円を失ってしまうことになります。

高齢社会になった今、一世代30年として、三世代で実質的に不動産を失うことになりかねないのです。

財産が減らないように対策しないと、不動産は守れない

不動産は何も対策せずに、そのまま所有しているだけの状態だと、維持コストによって財産を減らすだけの存在になってしまいます。

つまり、うまく使って有効活用しないことには、お荷物になるだけなのです。

もっとも手軽にできる活用法は、空いている土地を駐車場として利用することです。駐車場収入を得られるので、ただ遊ばせているよりはいいでしょう。ただし、駐車場は相続税の評価額が高いのです。ちなみに固定資産税も更地と同じく高額です。確かに駐車場にしておけば、月々いくらかの収入が得られ、固定資産税分くらいにはなるかもしれません。しかし、相続税が課税されると、その効果はあっさりと吹き飛んでしまいます。

「相続税なんて自分には絶対に関係ない」という人ならいいですが、平成27年以降、

相続税の基礎控除額が低くなり、課税対象が倍増したことは、第2章でご説明したとおりです。明日は我が身ということが、ないとは言えないのです。

不動産は、たとえて言えば、底に小さな穴の開いたコップのようなものです。何もしないでいると、底から少しずつ水（固定資産税）が洩れていってしまいます。だから、洩れていく分を補ってやらないと、いつか中身がなくなってしまいます。

その中身を埋める作業が、不動産を有効に活用するということなのです。

POINT

- 不動産の中でとりわけ問題が起こりやすいのは、個人への「貸地」。相続が起こってからは大損するケースもあるので要注意！
- 「共有名義」の土地を売る場合、共有名義人全員の同意が必要となるので、まとまる話もまとまらないことが多く、売りにくい。

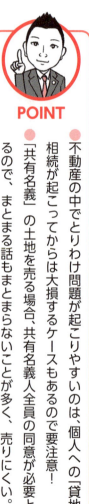

4 不動産を売却する際にかかるコストにはどのようなものがあるのか？

◆各種手数料

不動産は、売却時にもコストがかかります。

通常ですと仲介業者に売却を頼むことになるので、その際、仲介手数料が必要になります。仲介手数料の額は、売却額が４００万円を超える場合、「**売却代金の３％＋６万円＋消費税**」が、上限とされています。

ほかに、測量の費用もかかります。なぜかというと、土地は境界確定《きょうかいかくてい》がされていないと、売却することができないからです。

「境界がはっきりしていない土地なんて、本当にあるの？」と驚かれるかもしれませんが、これが意外に多いのです。特に、古い土地には、境界未確定のものが多く見受けられます。

また、不動産登記を自分で行わず、司法書士に頼む場合には、その費用も必要になります。

譲渡所得税

個人が不動産を譲渡して得た所得には、他の所得と分離した「**譲渡所得**《じょうとしょとく》」として、所得税や住民税が課税されます。

「譲渡所得」とは、不動産売却収入からその不動産の取得費と売却手数料などの譲渡費用を差し引いた「利益」のことをいいます。

譲渡所得は、次の2種類に分かれます。

・不動産を保有していた期間が（売却年の1月1日時点で）5年を超えている場合
……長期譲渡所得……税率は20％（所得税15％＊、住民税5％）

・不動産を保有していた期間が（売却年の1月1日時点で）5年以下の場合……短期譲渡所得……税率は39％（所得税30％＊、住民税9％）
＊平成49年までは復興特別所得税がさらに上乗せされる

先祖代々持っている不動産の場合、取得費《しゅとくひ》がわからないことがほとんどです。その場合は、税務の特例で、**売った値段の5％が取得費**として認められることになっています。

POINT

- 不動産を売却する際は、手数料や費用、税金など様々なコストがかかる。それぞれのしくみを理解しておこう。
- 不動産売却時、「譲渡所得《じょうとしょとく》」として所得税や住民税が課税される。古くから所有している土地の場合、売却額の5％が取得費《しゅとくひ》となる。

5 相続した不動産を活用するにはどのような方法があるか

土地のままでは税金が高くなる

ここまでお伝えした通り、土地は更地のままにしておくと、固定資産税、相続税いずれも評価額が高額になってしまいます。うまく活用して、少なくとも納税分の収益を上げられるようにしておきたいものです。

では、不動産の活用法についてご紹介しましょう。

駐車場

先ほどもご説明しましたが、もっともリスクの少ない活用法です。

更地に建物を建ててしまうと、借地権や借家権の問題が出て来ます。また、自前で建物を建築するのは投資コストも大きくなり、それを回収する必要があります。駐車場なら権利関係のトラブルを回避しつつ投資コストをかなり抑えることができます。

自分で管理をするとなると、「隣の車にぶつけられた」とか「自分が借りていると ころに、違法に駐車されている」などのトラブルを解決しなければなりませんが、不動産管理会社に管理を任せることで、これも回避できます。

ただし、その分、収益性が低いというデメリットがあります。

仮に駐車場ですごい収益が上がっていたとしても、そこに建物を建てたならばよりいっそう高収益になることでしょう。

また、固定資産税についても、更地と同じ金額がかかります。駐車場の収益が得られる分、更地にしておくよりはいい、という程度と思っておいたほうがいいでしょう。

マンション

もし、駅に近くて交通の便がいいとか、いわゆる「住みたい町」として知られているなど、確実に部屋が埋まる見込みが立つのならば、賃貸マンションを建てることを検討してもいいでしょう。

収益が得られますし、私の住んでいる名古屋ですと、更地に比べ15%程度の土地の相続税評価減になり、固定資産税の大幅な軽減効果もあります。したがって、将来を見越して、**「この土地には何を建てたらいいか」**と考えることが大切です。

都市の通勤圏内ならば、単身のサラリーマンや学生が対象になるでしょう。そうなると、「ワンルームにするのと、1LDKにするのとどちらがいいのか」という選択になってきます。

若いファミリー層に人気があるエリアなら、2LDKくらいは必要になるかもしれません。

収益性が高いのはワンルームマンションなので、需要が見込まれるのならば、ワンルームにするといいでしょう。

ただし、ワンルームにはデメリットもあります。入居者に学生が多くなりがちという点です。たいていの場合、卒業と同時に出ていきますから、下手をすると毎年3月にガサッと空き室が出る可能性があります。

また、学生の場合、景気が悪くなると親が一人暮らしをさせなくなるので、需要にムラも出てくる場合もあります。

倉庫

建築費が少なくても建てられるというのが、メリットになります。相続税評価減（15％）の効果もあります。

投資コストが低い分、収益性は高くなりますが、通常、一つの倉庫に一社しか入ることができないという点ではリスクがあります。

その一社がずっと入居していてくれればいいですが、会社の移転や会社の業績不振や倒産などでいなくなると、たちまち収益がゼロになってしまうからです。

また、昭和40年から50年代にかけて倉庫ブームがあったこともあり、供給過剰気味でもあります。

立地条件から、需要をしっかり見極めることが大切です。

コインランドリー

地主さんには人気のある活用法です。空いている土地を利用して、コインランドリーをやりたいという声をよく聞きます。

コインランドリーは、賃貸マンション経営に比べて、初期投資を低く抑えられるため、収益性が高くなる可能性があるというメリットがあります。

また、相続財産としては、通常の相続税評価減のほかに、事業用小規模宅地《じぎょうようしょうきぼたくち》の特例の適用を受けられるため、相続税を圧縮するのにも役立ちます。

事業用小規模宅地の特例は、４００㎡以下の部分について80％の評価減が受けられるというものなので、メリットが大きいです。

ただし、立地を選ぶものなので、果たして自分の土地にコインランドリーを建てたとして、お客さんが来るかどうかは、よく検討したほうがいいでしょう。

一般的には単身者が多いところがいいと言われていますが、子供のいる家庭の多い地域などが狙い目の場合があります。

悪天候が続いたとき、家庭用の乾燥機では追いつかず、コインランドリーにある業務用の乾燥機が重宝がられることがあるからです。

優良企業への貸地にする

財務内容のいい企業が土地を借りて建物を建ててくれれば、収益性が非常に高くなります。また、相続税評価減の効果が、私の住んでいる名古屋の場合、50％と非常に大きいです。

逆に原価がかからない分、税金は高額になるので、所得税対策をしておくことは必須です。

定期借地にしておけば、相続税評価減の効果は下がりますが、更地になって返ってくるので、貸したまま返ってこないということもありません。

POINT

- 不動産は持っているだけでコストや税金が発生して財産が目減りしていく。相続前から有効活用する方法を考えよう。
- 不動産は活用方法によって、それぞれ収益性や投資コスト、リスクが異なるので、自分の持つ土地の特性をよく理解しよう。

第4章

不動産相続の生前準備はこうして始める！

1

相続の話は親が健在のうちに始めるのがベスト！

相続のトラブル原因のほとんどは不動産！

この本で繰り返しお話ししているように、不動産は現金に比べて非常に分けにくい財産です。現金や有価証券が相続財産のメインである場合に比べて、不動産がメインである場合のトラブル発生率はとても高いのです。相続のトラブルのほとんどが、不動産によるものと言っても過言ではないほどです。

また、相続人になる子供世代にとって、収益をもたらさない不動産を相続することは、財産どころか債務を背負い込むことにもなりかねません。

このような事態を避けるには、親が健在のうちに対策を取っておくことです。

では、どのような対策が必要なのか、ご説明していきましょう。

親に相続の話を切り出すタイミングを図る

親の方から積極的に「自分が死んだら、相続はこうしようと思っている」と切り出してくれるといいのですが、そうでない場合はどうしたらよいのか悩むことでしょう。「親と相続について話をしたいのだけれども、どうやって切り出せばいいのかわからない」という声をよく聞きます。死んだ後の話を親に向かってするのは、親の死を願っているようで、口にするのは悪いような気がするのです。

親の性格によっては、「俺が早く死んだらいいと思っているのか!」などと機嫌を損ねてしまい、頑なに相続の話を拒むことにもなりかねません。

私がご相談に見えたお客様にお勧めしているのが、お盆で実家にきょうだいたちが集まったタイミングで、さりげなく話題を振るというやり方です。

お盆は亡くなったご先祖様が彼岸《ひがん》から此岸《しがん》に帰ってくるのを子孫がお迎えするイベントです。普段に比べて死について話題にしやすい雰囲気になります。そこをうまく活用しようというわけです。

①あなたが跡取《あとと》りの立場である場合

もし、この本を手にしているあなたが、その家の跡を取る立場（お墓を守る立場）であれば、事前にきょうだいの誰にも相談することなく、みんなが集まったタイミングで切り出して構わないと思います。

下手に根回しをして、「今度お盆に集まったときに、親父の財産をどうするか、話し合いをしよう」などと事前に持ちかけてしまうと、きょうだいたちがそれぞれの配偶者から「たくさんもらえるようにしてね」などとハッパをかけられて、要求が多くなることがあるからです。

ですから、まずは親やきょうだいたちの相続に対する価値観を聞き出しつつ、相続の対策を始めることに理解が得られればいいでしょう。ただし、後でお話しするように準備は必要です。

日ごろは何でもわかり合えるきょうだいたち（それぞれの配偶者を含む）だと思っていても、ことお金がからんでくると、意外な一面が出てくることがあるものです。

遺産分割において、「きょうだいは一歩間違えると、利益相反《りえきそうはん》の関係になってしまう」ということを念頭に置いて行動してください。

ただし、「この人たちとは間違いなく利害が一致する」と確信が持てるのであれば、事前に話をしておいてもいいでしょう。

②あなたが跡取りの立場でない場合

あなたが跡取りの立場でない場合は、ちょっとした根回しが必要かもしれません。

親と同居していたり、長男など「自分が家を守る」という意識が強かったりするなど跡取りと目されるきょうだいがいる場合は、事前にその人に「そろそろ相続について、みんなで話をしてみたい」と持ちかけましょう。当日の仕切り役もその人に頼むといいでしょう。

跡取りには「自分こそがこの家の代表になる人間だ」というプライドがありますから、それを尊重する姿勢を見せておいたほうがうまくいきます。

母親を味方につけたいときは、お気に入りの子に言わせる

父親には話しづらいけれども、母親はわかってくれそうだという場合は、母親にだけ話をして味方につけておくのもいいでしょう。

その際は、特に母親にかわいがられているきょうだいに言わせるようにするとうまく行きます。

親にとって、「どの子供もかわいい」というのは、大きな目で見ると真実ではありますが、現実的には「この子とは相性が合うけれども、あの子とは合わない」ということがあるものです。

特にかわいがっている子供から「ちょっと相談があるんだけど」と言われれば、母親としては相談に乗ってあげようとするはずです。きっと父親との調整役になってくれることでしょう。

事前準備として、財産の棚卸をしよう

あなたは、自分の家の不動産をすべて把握できていますか？

家族会議の前に、まずはあなたの親が所有している不動産について、棚卸をしておきましょう。どれくらいの財産があるか確定してからのほうが、**家族会議**の口実を作りやすいし、うまく話がまとまりやすいからです。

「この間、うちにどれくらいの財産があるのか気になって調べてみたんだけど、相続税がけっこうかかりそうなんだ。その対策もしておきたいから、一度、みんなで話し合いをしよう」という言い方をすると、すんなり行きやすくなります。

まずは親から「**固定資産税の課税明細書**《かぜいめいさいしょ》」のコピーをもらってください。これを見れば、その市町村にある土地や建物など、すべての不動産を把握できます。

「果たして親が、すんなりとコピーしてくれるだろうか？」と不安に思う人もいるかもしれません。でも、私の経験では、概《おおむ》ね大丈夫です。

これが「うちに預金がいくらくらいあるの？」とか、「株をどれくらい持っているの？」など、金融資産に関する質問だと、言葉を濁す親もいるでしょう。しかし、固定資産税の課税明細書を見せることに抵抗を感じる親は少ないです。

固定資産税の課税明細書を入手したら、所有している土地の路線価を調べ、土地の相続税評価額がどれくらいになるか計算してみることをお勧めします。

路線価については、以下のサイトで見ることができます（http://www.rosenka.nta.go.jp/）。

建物の相続税評価額は、固定資産税評価額と同じなので、固定資産税の課税明細書で確認してください。その際、固定資産税課税標準額と見間違えのないよう注意してください。

おのおのの土地の評価額と、自宅などの建物の評価額を合算すると、およその不動産の評価額がわかります。

また、相続税を計算する上では、借金の額や金融資産の額がどれくらいあるかを知る必要がありますが、そこまではなかなか教えてくれないかもしれません。

そんなときは、相続のプロに相談してみるといいでしょう。

たとえば、相続税を扱い慣れている税理士であれば、その人がどんな家に生まれ、どんな学校を出て、どういうところに勤め、どういう役職で職業人生を終えたか、どんな趣味を持っているかなど、プロフィールを聞いただけで、およその財産額を経験から推測することができます。今70歳だとして、70歳までの総収入はこれくらいで、こういう生活をしていれば、これくらいは残っているはず……ということが推定できるのです。

したがって、固定資産税の課税明細書と親の経歴をまとめたものを持っていけば、専門家ならすぐにおよその評価額を出してくれると思います。

なお、私の税理士法人のホームページでも「相続税概算計算シミュレーション」ができます。

税理士の場合、1時間1万円くらいで対応してくれるところが多いようです。

不動産を守るか、守らないかをみんなで決める

家族会議では、まず先祖から引き継いだ土地を誰かが中心になって守っていくのかいかないのか、方向性について話します。

一般的に、都市部と郊外、農家か商家か、あるいはサラリーマンかで、家に対する意識はだいぶ違います。土地に対する思い入れの最も深いのが地方の農家です。

家族全員が「先祖伝来の土地を守らなければ！」という意識を持っていることが多く、なおかつ「長男が継ぐもの」という暗黙の了解があるため、話はまとまりやすくなります。

これが商家やサラリーマンになると、「土地を守る」という意識はぐっと希薄になっていきます。

現在、40～50代くらいの長男の立場の人には、「家を守る」という意識が残っているようですが、ほかのきょうだいたちの中には「全部、売ってみんなで均等に分ければいいじゃない」という考え方をする人が半分近くはいるように感じます。

「田分《たわ》け」は家を消滅させる

「土地を守っていく」という観点に立った場合、ベストなのは跡取りがほとんどの土地を譲り受け、他のきょうだいたちはそれに納得することです。

家制度のよしあしは別として、こと財産を守ることに関しては、家督相続《かとくそうぞく》というのは非常に優れた制度です。逆に「みんな平等に」を目指すと、家の財産は確実に少なくなっていきます。

「たわけ」という言葉をご存じでしょうか？　もともとは私の住んでいる名古屋で昔から使われている言葉です。「愚《おろ》か者《もの》」を意味する言葉で、その語源は諸説ありますが、「田分け」から来ているとも言われています。

たとえば、こういうことです。

ある家に、自分の家で食べる分をまかない、年貢を納め、なおかつ売る分が残るくらいの収穫のある田んぼがありました。

父親は、長男だけに相続させてしまったら、次男がかわいそうだと思い、2人に平等に相続させることにしました。

ところが、長男と次男の代で異変が起こりました。田んぼが半分ずつになってしまったために、年貢を納めたら、自分の家で食べる分が足りなくなってしまったのです。

そうなることは、最初から予想できていたはずです。それができずに、まとまっているからこそ価値のある田んぼを分けて、わざわざ価値を引き下げるのは、まさに

「たわけ（愚か者）」ということでしょう。

これは不動産全般について言えることです。それなりの面積があって有効活用ができ、生活費分を不動産から稼げれば、事業として成り立ちます。

たとえば、年間９００万円を生み出す土地があったとしましょう。これなら一家で食べていくことが可能です。

ところがきょうだいが3人いて、均等に分けたら一人当たり３００万円しか得られなくなります。これでは不動産から得られる収入だけでは食べていくことができません。

そもそも、土地が小さくなってしまうとマンションなどの建物を建てられず、せいぜい駐車場として貸し出すくらいしかできなくなります。

すると、当然のことながら収益性が低下します。「これでは持っていても仕方がない。売ってしまえ！」となり、結局、土地が残らなくなってしまいます。まさに「たわけ（愚か者）」です。

土地を守る場合は、跡取り中心の相続をする

土地を守ろうと思ったら、跡取りとしてお墓を守っていく人を中心にした遺産分割をすることが必要です。私たちは、そのような立場の人、言ってみれば相続の中心になる人を「**相続人代表**《そうぞくにんだいひょう》」と呼んでいます。

きょうだいできっちり平等に分けてしまったら、財産そのものが分散してしまい、守れるものも守れなくなってしまいます。

ですから、もし家の財産を守っていく決断をしたのならば、相続人代表以外の人は「先祖伝来の土地を、跡取りに継承してもらうため」と思って、利己的な気持ちは持たないようにしたいものです。

とはいえ、法定相続分以外で分割しようとすると、遺言がなければもめる確率がグンと上がります。

家族会議で、土地を守っていく方向で理解を得られたら、次に相続人代表以外の人たちに、何をどれくらい相続するかを決めて、親に遺言を書いてもらうように進める

ことになります。

税理士を同席させるのも一つの手

ここで、**家族会議**をスムーズに進めるための秘策についてお話ししましょう。これは私の経験上、たいへん有効な策です。

私の税理士法人には多くの方が相続対策のご相談に来られます。相続税の申告件数が多いので、「あそこなら、しっかり相談に乗ってもらえるだろう」と判断していただけているのでしょう。

ご相談者は主に相続人代表になる立場の方たちです。その中には、「親やきょうだいにどうやって相続の話を切り出していいかわからない」という悩みを抱えている方も多くいらっしゃいます。

そんなとき私がよく申し上げるのが、「私をダシに使ってはどうですか?」ということです。

具体的には、「相続のことでいろいろアドバイスをしてくれる税理士さんを見つけたから、一度、話を聞いてみない?」と、ご家族が集まるきっかけに、私を利用していただくのです。

親がある程度の年齢になったら、みんな相続のことが気になり始めます。ただ、「親が死んだら」が前提の話なので、生々しくて切り出しづらく、口火を切るのをためらってしまいます。

そこで、**「専門家の話を聞く」**という形にすることで、とっかかりを作りやすくするのです。

話し合いに同席させていただいたときは、「相続税はこれくらいかかりますよ」ということを、わかりやすくお話しします。

「財産をこう分けるといいですよ」ということは、私の口からは言いません。相続人代表の方からすれば、私から言ってほしいと思うでしょうが、それをやってしまうと、「税理士の言いなりになってるけど、騙《だま》されているんじゃないか」とか、「なんで赤の他人に口出しされなきゃいけないんだ」と相続人代表以外の人が不快な思いをされるのが目に見えているからです。それではかえって、もめごとの種をまくことになってしまいます。

だから、具体的な財産の分割方法については、必ず相続人代表ご本人に言ってもらうようにしています。

ただし、言い方にはコツがあります。

「こう言えば、親もきょうだいもみんな納得する」という話の内容、展開の仕方というものがあるのです。私は一切口を出さない代わりに、事前にそのノウハウについて徹底的にレクチャーして、覚えてもらっています。

もし、親を前にして言葉に詰まったり、頭が真っ白になったりした場合でも、私たちがそばでフォローするので大丈夫です。

もし「うちは相続でもめそうだな」と思ったら、早めに相続に詳しく、信頼できる税理士を見つけて相談しておくようにしてください。相続は一度もめ始めると収拾がつかなくなります。「**相続前から相談する**」のがポイントです。

親の気分を害させないことが大切

相続財産に不動産が多く含まれていて、相続人代表がその多くを相続する場合、一番大切なのは、親に遺言を書いてもらうことです。

もちろん、きょうだいたちに納得してもらうことも大事ですが、最終的に親に遺言を書いてもらわないことには、相続が起こったときにトラブルになりかねないからです。

最初から親に「自分亡き後、跡取りが困らないようにしてあげたい」とか「子供同士でいがみ合わないように準備しておきたい」という気持ちがあれば、話はスムーズに進みます。

ただ、中には「自分が死んだ後のことなんか、考えたくない」という人もいます。そういう人は、いったん話がこじれてしまうと、「なんで、俺が死んだときの話ばかりするんだ!」とか、「まだ俺の財産なんだから、ごちゃごちゃ言うな!」などと怒り出して、遺言を書いてもらうどころではなくなることも多いのです。

そのため、まずはきょうだいたちのことを考え、親の気分を害させないような物言いをしながら、話を進めることが大切になってきます。その上で、「遺言を作っておくと、トラブルの99%を防げるそうだ」と言えば、親は遺言を書くのを拒否しなくなることが多いです。

親が遺言を作ってもいいという気持ちになったら、なるべく早く実行に移すようにしましょう。

第2章でもご説明しましたが、遺言には「**自筆**《じひつ》**証書**《しょうしょ》**遺言**《いごん》」「**秘密**《ひみつ》**証書**《しょうしょ》**遺言**《いごん》」「**公正**《こうせい》**証書**《しょうしょ》**遺言**《いごん》」の3種類があります。このうち自筆証書遺言と秘密証書遺言は紛失したり、トラブルになったときに不備があると、法的に無効とされてしまうので、公正証書遺言にしておくことをお勧めします。

公正証書遺言は、原本と正本と副本の3通を作成し、そのうち正本と副本をもらいます。原本は公証役場で保管されるため、万一もらった遺言書を紛失してしまった場合でも、困ることがありません。

POINT

- 相続のトラブルの回避には、親が生きているうちに生前準備を始めるのがベスト。親の気分を害さないように自然な形で進める。
- 親との話し合いには、税理士を同席させるのも一つの手。専門家を入れることで話し合うきっかけを作れる。

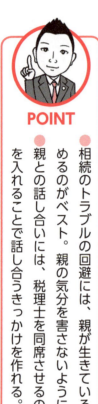

2 納税計画を立ててみよう

相続税の納期限《のうきげん》は相続開始から10カ月

相続財産に不動産が多い家でありがちなのが、いざ相続税を払う段になって、納税資金が足りないことに気づくというケースです。

「うちにはこんなに土地があるんだから、大丈夫だろう。いざとなったらどこかを売ろう」などと安心しきっていると、痛い目に遭わないとも限りません。

相続税の納期限《のうきげん》、つまり相続税の支払期限は**相続開始から10カ月**です。

長いように感じられるかもしれませんが、死後のもろもろの手続きや納骨、初盆など、やることが次から次へと出てきて、気がついたときにはもう目前だったということになりかねません。

相続税の節税対策とともに、相続税をどうやって払っていくかを事前に考え、対策を立てておくようにしましょう。

納税資金の作り方

私はお客様に、納税資金を作る方法は2つあるとお話ししています。

1つ目は、**相続税の納期限までに持っている不動産を売却してお金に変えておく**こと。2つ目は、**今のうちからコツコツ貯金をしておく**ことです。

貯金というのは、今ある収入を定期預金にするということだけではありません。今のうちから土地を活用して、お金を生み出せるようにしておくということです。

相続税は現金で一括納付するのが原則ですが、申請して認められれば分割して納付する「**延納**《えんのう》」をすることも可能です。

「うちは1回で全額を払うことはできないけれども、10年かけて払うことならできる」という予測が立つのであれば、そのための具体的な計画を立てていきます。

また、とりあえず延納にしておいて、後から土地を売り、その売却金で一括納税するという方法もあり得ます。

まずは、相続税を払うにあたって、どれくらいを現金納付できるのか、目算を立てることが大切です。その金額がわかれば、あと残りはどれだけ必要なのかがわかります。

その不足分をどうやって補うのか。土地を有効活用するために、建物を建てるとか、売却する土地を決めて、建物を建てずに駐車場にしておくなど、さまざまな対策を立てることができるのです。

専門家には金融資産の額を教えてくれることも

先ほど、親の経歴がわかればおよその金融資産の額はわかるとお話ししましたが、そうは言っても、正確な額がわかるに越したことはありません。金融資産と不動産、さらには債務のトータルがわかってこそ、適切な納税計画を立てることができるのです。

子供が親から受け継ぐ財産を守ろうと、一生懸命になっている姿を見ているうちに、親の心に信頼感が芽生え、金融資産の額も教えてくれるようになっていくこともあります。

とはいえ、お金のことなので、警戒してなかなか教えてくれないこともあるでしょう。

そんなときは、「自分には教えてくれなくてもいい。でも相続対策をしたいから、税理士に直接会って、相談してきてほしい」と言うと、たいていの場合、納得してもらえるようです。

そのためには、まずあなた自身が、信頼できる税理士を見つけておいてください。相続対策は昨日今日ですぐにできるという性質のものではありません。また、年老いた親は、今現在、元気だからといって、半年後、1年後も元気でいる保障はないのです。

「そのうちやろう」と思っているうちに、急に病気が見つかり、一気に闘病生活に入らないとも限りません。元気なうちから対策をしておくことが肝要です。

節税しながら納税資金を作る方法

納税資金を作ると同時に、節税効果をもたらす方法があります。

①被相続人名義の生命保険に加入する

1つは**被相続人名義の生命保険（死亡終身《しゅうしん》保険）に加入**することです。死亡保険の保険金は、法定相続人一人につき500万円が非課税になります。法定相続人が3人なら1500万円、4人なら2000万円が非課税になるわけです。

ポイントは、必ず**被保険者**と**保険料負担者**（契約者）を被相続人にしておくことです。というのも、死亡保険金は**被保険者**、**保険料負担者**、**保険金受取人**の関係で、税金の種類が異なるからです。

父・母・子の3人の関係でご説明しましょう。

図表6を見ていただくとわかるように、被保険者が父、保険料負担者と保険金受取

図表6　死亡保険金の課税関係

被保険者	保険料の負担者	保険金受取人	税金の種類
父	母	母	所得税
父	父	母・子	相続税
父	母	子	贈与税

人が母の場合、母が受け取った保険金に所得税がかかります。

また、被保険者が父、保険料負担者が母、保険金受取人が子だと、子に贈与税が課せられてしまいます。

相続税の非課税枠を生かせるのは、被保険者・保険料負担者が被相続人のときだけなのです。

②生前贈与をする

もう一つの方法は、贈与税の基礎控除額を上手に使う方法です。

贈与税の基礎控除額は、1年間一人につき110万円です。人数に制限がありませんので、親が健在のときからうまく利用するといいでしょう。

子は贈与されたお金を相続税の納税に使うことができますし、何よりも親の相続財産を減らすことができるため、相続税の節税になります。

相続財産が多い場合は、110万円を超える贈与をして、より多くの財産を次の世代に移しておいたほうが、多少は贈与税を払ったとしても、より多くの相続税を節税できるケースが多いです。

ただし、贈与してから3年以内の財産は相続財産とみなして、相続税計算をしなければいけないので、直前対策には向きません。なるべく早いうちから計画的に行うことが大切です。

骨董品《こっとうひん》は価値がわかりにくい?

一般的に財産と言えば、現金や株などの有価証券、それに不動産などですが、古い家ですと骨董品《こっとうひん》がけっこうあったりします。

けれども、骨董品のほとんどは価値がつかないことが多いです。私の印象だと、宝くじみたいな感じでしょうか。ほとんどはずれで、ごくたまに当たりがある程度です。

相続財産の中に骨董品が含まれていても、ほとんどの人は欲しがりません。もし、欲しい人がいたら、快くその人にあげて、「その代わりに、他のものはこういうふうに分けるよ」という方向に話を持っていくといいでしょう。たいていの場合、うまく行きます。

これは裏話になりますが、相続税の申告内容に疑問があって、税務調査が入ったような場合でも、骨董品について言及されることは少ないように思います。

骨董品を見ても、調査官には価値がわからないことがほとんどだからです。国税局の中でも、ほんの数人しか骨董品のことはわかっていない、とも言われています。

POINT

- 相続が発生してから相続税を支払うまでの期限は10カ月。遺産分割協議が長引くと、納税資金の手当てをすることが難しくなる。
- 納税資金の確保も生前準備の重要事項。相続と不動産に詳しい税理士の協力を得て、効果的に行う。

第5章

価値のない不動産を価値ある不動産に変える

1
その不動産、売却すべきか、活用すべきか？

不動産の持つ価値を見極める

不動産は現金とは異なり、所有しているだけで固定資産税などの税金や維持管理のコストがかかります。また、売却するにしろ活用するにしろ、それなりの時間が必要になります。

今日決めて明日にはどうにかできるという性質のものではありません。売却するのか、所有し続けて活用するのか、事前によく検討して方向性を決めておくことはとても大切です。

そのためには、不動産の持つ価値を見極めることが大切です。

不動産の価値には2種類あります。1つが**売却価値（キャピタルゲイン）**、もう1つが**家賃などの収益を生む価値（インカムゲイン）**です。これらのうち、どちらの価値が高いかが、見極めのポイントになります。

たとえば、親が所有しているアパートがあるとしましょう。

今は収益性が低いとしても、リフォームやリノベーションをすることで収益性を高められるのであれば、所有し続けたほうがいいでしょう。

逆に、今はまだいいけれども、もっと人気のエリアが駅の近くにできつつあって、このあたりは人気が落ちてしまうから入居者が埋まらないだろうと予測される場合は、早目に売却したほうがいいという話になります。

一般的に、プロとして不動産の賃貸経営をしている人でない限り、できることならばせっかく建てた賃貸アパートなりマンションを最後まで大事に持っていようと考えるケースが多いようです。

でも、それによって売り時や建て替え時を逃してしまう可能性も否定できません。

収益性の見極めが大切

賃貸アパートやマンションを最後まで持っていたほうがいいのか、あるいはどこかの時点で売ったり、建て替えたりしたほうがいいのかを見極めるには、物件の収益性を予測することが必要になります。

賃貸アパートの収益性（家賃収入額）は新築時がピークで、そこから時間の経過とともに下がっていきます。

ただ、一般の大家さんにはそれがなかなかわかりづらいようです。「なんとなく空室が埋まりにくくなってきたな」とか「家賃の振り込み口座の残高があまり増えなくなってきたな」と感じるようになって、初めて気づくケースが多いように見受けられます。意外に大家のみなさんは、入居状況をしっかり把握していないようです。

特に、アパート経営を「固定資産税と相続税の対策のため」という認識でやっている人に、その傾向が見られます。

たとえば、私のところにご相談に来られた方の中に、こんなケースがありました。

所有者である父親は、「年間を通して収益が出ているし、特に困った入居者もいない。今のままでいいだろう」と放置していたそうです。

息子さんが「本当にこれでいいのか見てください」と来られたのですが、ふたを開けてみると、8棟所有していた賃貸マンションのうち、1棟だけ、極端に収益性が悪いものがありました。

事業としてマンション経営をしている人でない限り、専門的な知識を身につけるのは難しいことでしょう。でも、「ここは外せない」というくつかのポイントを押さえておくことは必要です。言ってみれば、税金対策であっても、**多少の経営者的感覚は必須**ということです。

それがあってこそ、物件の収益性を維持していくことができるのです。

相談相手を見つけておこう

収益性が上がる可能性があるのか、あるいは売却してしまったほうがいいかを見極めるのは、たいへん難しいことです。

自分で本を買って勉強するというのももちろん意味のあることですが、プロの力を借りることも検討してみてください。

信頼できる不動産業者がいれば、その人に頼むといいでしょう。きっとベストプランを提案してくれることと思います。

もし、不動産業者で「この人は」と思える人がいない場合は、ちょっと発想を変えてみるのもいいかもしれません。

不動産業者は不動産のプロではありますが、そこに利害がからむと、必ずしも顧客にとって有利な提案をしてくれるとは限らないからです。顧客にとってというよりも、不動産業者にとって有利な方法を勧めてくる可能性もあります。

実際、私もお客様から「不動産業者（建設会社）に相談したら、『もう建て替えたほうがいいですね』と言われました。本当でしょうか？」と言われて、見に行って仰天したことがあります。

私の目には、建て替えが必要なほど古くなっているようにはとても見えなかったからです。ちょっとお金をかけてリフォームをすれば、十分、収益を生む物件に変えることができるアパートでした。

古い物件を取り壊して新築すれば、不動産業者にとっては儲けになります。当然、そちらを提案してくるでしょう。ほかにも売却する必要のない物件を何棟も売らされたというケースもありました。

相談する相手を間違えると、みすみす損をすることになるので要注意です。

中立、かつ顧客の利益を第一に考えてくれる人を選ぶ

相談する相手の誠実さや力量をしっかりと見極めることが、不動産を最大限に活用できるかどうかを左右すると言っても、過言ではありません。

①知り合いから紹介を受ける

選び方として、最もお勧めしたいのが、**友人や知人などから紹介された人に会ってみる**ということです。

本人がだまされてでもいない限り、自分の大切な友人に、わざわざ変な人を紹介することはありません。紹介されたという時点で、信頼性はクリアできているわけです。

あとは、相手の力量だけです。

もう一つのポイントは、**あなた自身と相性のいい相手を選ぶ**ということです。

どんなに実績があり、信頼できる人であっても、話しづらい相手であればやめておいたほうが賢明です。

こちらは大事な財産を託すのです。知りたいこと、疑問に思ったこと、不安に感じていることがたくさんあるでしょう。そうしたことを聞きやすいか、きちんと向き合って、わかりやすい言葉で、あなたが納得するまで説明してくれるかどうかがとても重要です。

また、レスポンスの速さも見極めポイントです。

専門家だからと言って大上段に立ったりせずに、対等でフランクな関係性を築ける相手を選んでください。

②インターネットで探す

相談相手を紹介してくれるような人がいない場合、自分で見つけるしかありません。

今はインターネットで情報がたくさん手に入る時代になったので、以前に比べればずいぶん見つけやすくなりました。

キーワードとしては、不動産について中立な立場からアドバイスをする役割を果たしてくれるか、ということ。また、最終的に相続税の申告が視野に入ってくることから「（地域名）　相続　税理士」で検索してみてください。

ホームページが充実していて、相続税の取り扱い件数が多く、ある程度の人員がいるとか、資産税のOB税理士が在籍しているような税理士法人に連絡を取ってみるといいでしょう。

POINT

- 不動産はインカムゲインとキャピタルゲインの両方がある。相続物件の特性を考慮して、どのように運用していくかを考えよう。
- 不動産の運営は経営者的な感覚も必要。頼りになる業者やアドバイザーとの関係づくりもポイントとなる。

2

ポイントは、信頼できる税理士を探すこと！

不動産経営に強い税理士の見分け方

税理士について、私がつねづね思っていることがあります。

それは、絶対的な条件として、相続だけでなく、「**不動産経営をわかっている税理士を選ぶ**」ということです。節税のアドバイスができるというレベルでは、あなたの不動産を適正にジャッジして有効活用のアドバイスをしてもらうには、力不足と言わざるを得ません。

不動産経営をわかっているかどうかを判断する手がかりとして、親が所有している賃貸住宅について「ここの適正な家賃相場はいくらですか？」と質問してみてください。

この問いにすんなり答えられるようなら、見込みがあります。もし、言いよどむようであれば、あまりアテにはできないかもしれません。

次に「このアパートは、最近、空室が多いんですが、どうすればいいでしょうか?」と尋ねてみましょう。

「家賃を下げればいいんですよ」と答えたら、その人は素人です。それ以外の「こうしたらいい」というアドバイスが出てくるようでなければ、頼るべき相手ではありません。

不動産経営に強い税理士なら、まず家賃の明細をチェックして、そこから問題点を見つけ出します。

図表7を見てください。

私はお客様から、賃貸アパート・マンション経営に関するご相談を受けたとき、このように立体化して見るようにしています。

3階建てで、各階3室ずつの賃貸マンションがあったとしましょう。これを図にしてみて、それぞれの部屋に家賃を書き込んでいきます。

図表7　不動産経営を立体化してとらえる

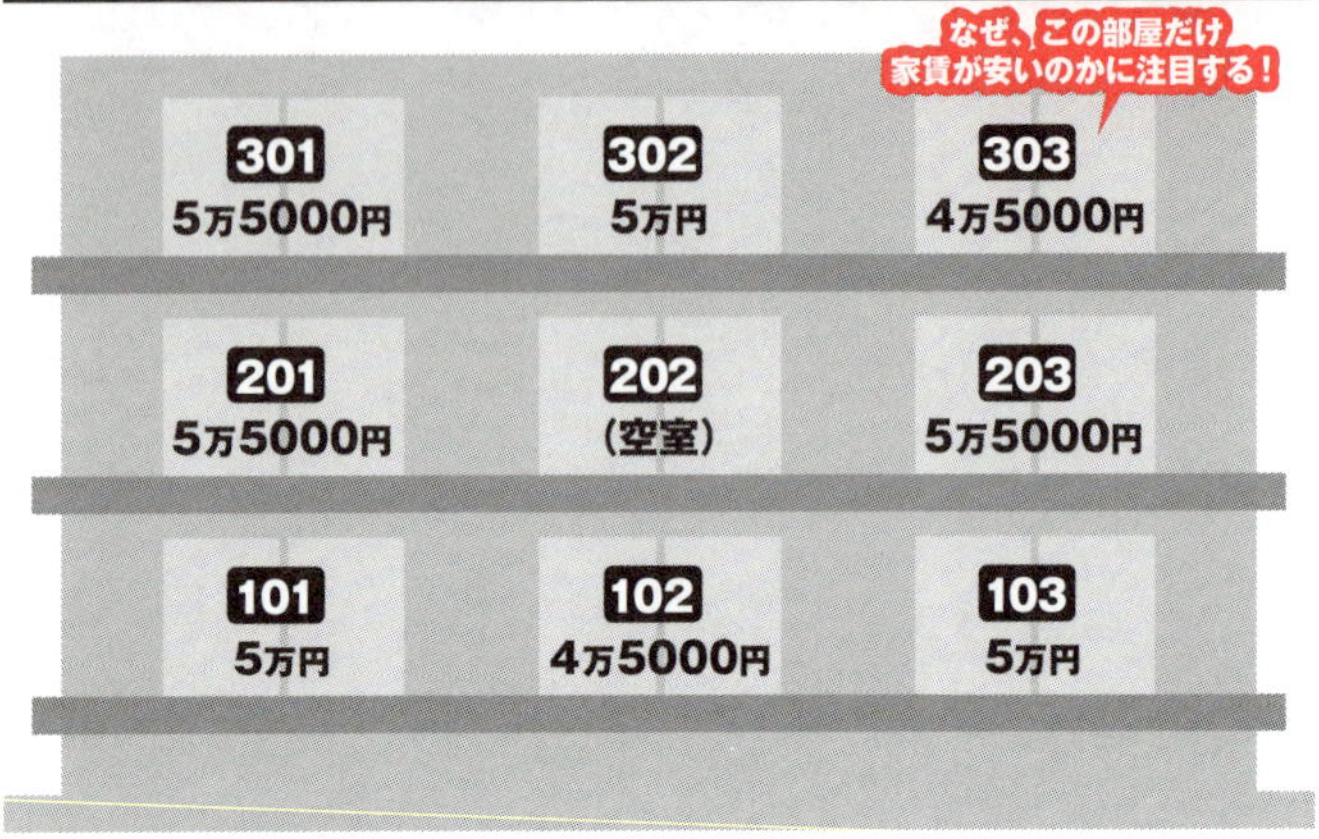

真ん中の部屋よりも角部屋の方が、なおかつ1階よりも2階、3階の家賃が高いことがわかるでしょう。

また、こうすることでどこの部屋が空き部屋になっているかが、一目瞭然でわかります。この場合は202号室が空き部屋になっていますね。

また、時々、特定の部屋の上下左右だけが空いているケースもあります。このような場合は、特定の部屋の住人がクレーマーである可能性が高いです。接している部屋の住人に、「うるさい」などと度々文句を言うので、言われた側が出て行ってしまうのです。こういう人が一人いると、空室が出る確率が高くなります。

さて、この図を見て「あれっ?」と思うことがありませんか?

303号室の家賃が、異常に安くなっています。通常、防犯上の関係で、1階よりも上階の方が家賃が高くなるはずなのに、303号室は4万5000円です。隣室の真ん中の部屋が5万円なのに、明らかにおかしいことがわかります。

調べてみると、303号室の入居者が契約したのは、リーマンショック直後だということがわかったりします。不景気でなかなか入居者が見つからず、無理に家賃を下げたのだな、と。「この人が出ていった後は、また家賃を上げることができるんだな」ということがわかるわけです。

逆に「ここは高すぎるかな」という部屋も見えてきます。こういう部屋の住人から家賃の値下げ要求があった場合は、応じたほうが得策です。

不動産業界に詳しい税理士なら安心できる

不動産経営に強い税理士なら、税金の計算や節税のアドバイスだけでなく、「こうすればもっと家賃を上げられますよ」とか、「こうすることで価値が上がりますよ」

という提案ができます。不動産の有効活用から、節税のアドバイス、相続税の申告と納税までワンストップで要望に応えてもらえるので、心強いのではないでしょうか。

相続を多く扱っている税理士は、弁護士や不動産鑑定士、司法書士などと業務連携をして、チームを作っていることが多いので、さまざまな方向からあなたにとってベストな方法を模索してくれるでしょう。

また、不動産業界の商習慣や専門用語をよく知っているので、業者の言いなりになることもないでしょう。

私も、不動産関係のご相談を多く受けているうちに、お客様が賃貸マンションを建設される際、建築費用の明細や図面を見る機会が増え、自然と詳しくなっていきました。今では構造などが書かれていなくても、見積書を見ればおおよその構造がわかります。

実は、建築見積というのはわかりづらいものなのです。

マンションの場合なら、たとえば看板や非常階段、植栽の土台やフェンスなどがありますが、それぞれにいくらかかったかを、建設業者にもらった建築明細を頼りに固定資産台帳に登録をしていくわけです。

ところが建築明細は、私たちが聞いてすぐにイメージが浮かぶような、わかりやすい用語では書かれていません。

「土台」は「架台」となったりしていますし、フェンスも「メッシュ」とか、フェンスに使われている型枠や品番で書かれていたりします。「鉄骨」と書いてあればわかりやすいですが、「H鋼」と書かれています。

これが理解できるようになってから、お客様に早い段階で、「実は業者が何をやろうとしているのか」について的確な情報をお伝えできるようになりました。見積書が読めるということは、その見積もりが妥当かどうかを判断できるので、お客様の利益を守ることにつながります。

これから賃貸マンションを建てようという人は、誰でも不安があると思うのです。それこそ業者から上がってきた建築見積を見せられても、そもそも用語がわからないし、金額が妥当なのかどうかを判断するのは難しいでしょう。

そんなとき、かみ砕いてわかりやすく説明してくれて、他の事例と比較し、妥当かどうかの判断をしてくれる誰かがそばにいるというのは、とても心強いことだと思います。

古い建物は「負の連鎖《スパイラル》」に陥りがち

現在、私の住んでいる愛知県のマンション・アパートの空室率は平均約16％、中には30％を越えている都道府県もあります。数で言えば全国約８００万戸の賃貸マンション・アパートが空室になっています。

こうなると完全な買い手市場です。「**選ばれる部屋**」なのかどうかが、厳しく問われる時代であると言えます。

ちゃんと選ばれる部屋をラインナップしておかないと、空室はいつまでも空室のままで、コストだけがかかっていくことになります。

ところが実際は、「空室が出始める→家賃収入が減る→修繕にお金が回せなくなる→老朽化し、選ばれなくなる→よりいっそう空室が増える……」という負の連鎖《スパイラル》に陥ることが多いのです。

この負の連鎖を断ち切るには、物件に手をかけなくてはいけません。

では、その方法についてご説明しましょう。

リフォーム、リノベーションで価値を上げる部屋作りを！

今、部屋探しをしている人たちは、昔に比べて非常に目が肥えています。

室内が古びて汚れていると、それだけで見向きもされません。**リフォーム**や**リノベーション**で、ある程度きれいに保っておくことが必要です。

リフォームとリノベーションは混同して使われることが多いですが、私はこの両者は異なるものと考えています。リフォームは老朽化した建物を新築時の状態に戻す（原状回復）のに対して、リノベーションとは既存の建物の設備・間取り・デザインを刷新するために大規模な工事を行って、住宅性能をアップさせたり、建物の価値を高めたりすること、ととらえています。

リフォームは小さな内装工事、リノベーションは間仕切りの変更まで含むような大きな工事と考えていただいてもいいでしょう。

リフォーム工事で真っ先に行われるのが、壁紙の交換です。

壁紙はコストが安く、そのわりにリフォーム映えがします。最近では、4面ある壁のうち、1面だけライトグリーンやブラウン木目調などにするのが流行しています。

これをやると、ぐっとおしゃれな部屋に生まれ変わる、効果的な方法です。

「壁は全部、同じ色でなければ」という人には当然選ばれません。ただ、一定の割合で、人とはちょっと違う部屋、おしゃれな部屋に住んでみたいという人は存在します。

そういう人には、確実に選ばれやすくなります。

万人受《ばんにんう》けするオーソドックスな部屋よりも、**「こういう人たちには受ける」**という、ちょっと個性を感じさせる部屋を作るというのは、非常にいいやり方だと思います。

そういう部屋を好む人が内覧に来てくれれば、成約率がだいぶ上がりますし、部屋を気に入ってくれれば長く住んでもらうことにもつながります。

水回りの交換は必須！　床のリフォームでイメージアップ

また、水回りもよく見られてしまいます。水回りが古いと、ほかがどんなにこざっぱりとしていても、古く汚く見えてしまい、選ばれる可能性が低くなります。給湯器が古いタイプの物件も古く不便に見えますし、お風呂には追い炊き機能を求める人も多いです。トイレが古いと、どうしても不潔感を持たれてしまい、物件自体を古い感じにさせてしまいます。

水回りの修繕は大がかりで費用がかかります。およそ15年経過したあたりから修繕が必要になってきますので、それを見越して修繕費を積み立てておくことが大切です。最近では和室よりも洋室のほうが好まれるので、畳をフローリングに変える工事はよく行われています。

でも、畳では絶対にダメかというと、そういうわけでもありません。四角い琉球畳が入ったおしゃれな和テイストを好む人もいるからです。

要は「**こんな部屋に住んでみたい**」と思わせる部屋作りをすることです。

リノベーションは、費用がかかる分、かなり思い切った部屋作りができます。すべての内装を取り払ってスケルトン状態から作っていけるからです。

デザイナーズマンション的なデザインにすると古さを感じさせなくなりますから、建物の価値が復活しますし、個性を強く打ち出すこともできます。

リフォームにしろ、リノベーションにしろ、万人受けする部屋よりも、10人のうち1人に選ばれる部屋を作るほうが、結果的に選ばれる可能性が高くなります。

もし、リフォームもリノベーションもお金がなくてできないのであれば、ペット可にするという手もあります。希少性があり、ペットを飼っている人に選ばれるからです。ただし、ペットを飼っていない人に嫌がられて退去されてしまう可能性があるので、注意が必要です。

また、マンションですと、宅配ボックスがあると人気が高まります。残業の多い単身者などは平日になかなか荷物を受け取ることができません。休みの日に、平日受け取れなかった荷物を受け取りに行くと、受取窓口にはいつも長蛇の列が続いています。再配達手続きも面倒です。

最近、宅配業者の再配達負担が重いことがニュースになっています。今後再配達料金がかかるようになるかもしれません。宅配ボックスがあれば、必ず荷物を受け取ることができますから、ニーズは高いです。

とにかく大事なのは、**賃貸物件は商品と同じように考える**ということです。

あなたがりんごを売るとき、どうしますか？　腐ったりんごを並べるでしょうか？　そして、そのりんごは売れるでしょうか？

売れるはずがありません。腐ったりんごをどんなに値下げしても、誰も買おうとはしないでしょう。それと同じことです。すごく高級じゃなくても、ちゃんと食べられるりんご、新鮮で誰かがほしいと思うりんごを並べておく。「**こんな部屋なら住んでみたいな**」と思えるように「商品」を整えておくのが大事なのです。

不動産仲介店の人と顔見知りになっておく

部屋は商品と同じなので、売ろうとしないと売れません。不動産仲介店に自分から積極的に働きかける姿勢を持ちましょう。

仲介店に対して偉そうな態度を取るのはもってのほかです。

向こうは何千とある物件から、ピックアップしてお客さんに紹介をします。そのときに、あなたの顔が浮かべばしめたもの。優先的に紹介してくれるようになります。

多くの不動産仲介店では、未だに紙ベースで物件紹介をしています。その営業スタイルにうまく乗るように、手作りのチラシを作って置いてもらうなどするといいでしょう。

仲介店にとっては、「どこかの物件を選んでもらえればいい」わけです。積極的に特定の物件をプロモーションしようと思わない担当者も多いです。

ただ、一度来店してくれたお客さんを逃したくないとは思うので、何か特徴のある物件や要望に対して適切に対応してくれるオーナーの物件を、優先的に紹介しようとします。だからこそ、こちらがＰＲすると受け入れられやすいのです。

もしかしたら、手作りのチラシを店に置いてはくれないかもしれませんが、あなたのことは確実に印象に残ります。「**あの人のところにはあんな物件がある**」ということが、しっかり頭にインプットされるでしょう。そういうことが大事なのです。

また盆暮れには、菓子折りの一つも持って、必ず挨拶に行くようにしましょう。あなたの印象が確実にアップします。

それから、昔気質の人は嫌がるかもしれませんが、私は物件の募集依頼を必ずしも1社に限定にしなくてもいいと思っています。遠慮なく複数の仲介店に頼みましょう。道徳に反するなどと考える必要はないでしょう。仲介店にしてみれば、物件を抱えていれば抱えているだけメリットになりますから、気兼ねは無用です。

仲介店のメリットになるような話を持ちかけよう

優先的に紹介してもらうために、**仲介店にとってメリットのある提案をする**というのもいいでしょう。

たとえば、通常ですと、入居が決まるとAD《エーディー》料と言われる広告宣伝費を家賃の1カ月分仲介店に払うことになります。これが仲介店にとっての収入になるわけです。

この部分を増やす、つまり通常だと1カ月分のところを、「2カ月分払います」とか「3カ月分にします」という形にします。

1カ月分を上回ったところはオプション部分になるので、「これをどういうふうに使ってもいいですよ。仲介店に対するAD料の積み増しでもいいですし、あなた個人にお渡ししてもいいです。あるいは、2カ月（3カ月）、入居者さんの家賃を無料（フリーレント）にしてもらってもいいです」と仲介店の担当者に伝えましょう。

オプション部分をどう使うかは相手に任せるようにするのがコツです。

社内規定で個人の懐に入れることが禁止されているのであれば、AD料の積み増しかフリーレントを選ぶでしょう。禁止されていなければ、担当者個人の実入りになります。

仲介店の成績になるか、個人の実入りになるか、部屋を成約しやすくなるのか、いずれにせよ相手にとってメリットのあることなので、拒否されることはないでしょう。

2カ月（3カ月）以上空室が続くようなら、AD料を払ってでも早く埋めたほうがお得です。

不動産を持つには覚悟が必要

「フリーレントを使うなら、家賃を下げるのも同じじゃないの？」と思うかもしれません。

しかし、両者には明確な違いがあります。

フリーレントは、オーナーの側からすると、最初の数カ月の収益が入ってこないだけで済み、なおかつ入居者にとっては初期費用が不要という点で大きなメリットがあるので、有効な手段です。

一方、家賃は一度下げてしまうと、再び上げるのはとても困難なので、オーナーにとって長期的にはデメリットなのです。また、最近の入居者の中には、自分の住んでいる物件の募集家賃を調べる人もいます。入居者から「他の人の家賃はもっと安いから、自分もその家賃にしてほしい」と言われてしまったら、家賃を下げないと退居してしまうかもしれません。家賃を下げるのは、最後の手段と考えた方がいいでしょう。

何でもそうですが、家賃にも適正相場というものがあります。家賃相場を維持できるような部屋作りをしておくことが大切なのです。

「空室が増えて、家賃が減っちゃって大変だな」などと、ぼやいている場合ではありません。空室が埋まるような工夫をしましょう。

「管理会社に全部任せているから」と安心してしまうオーナーがいますが、本当に大丈夫でしょうか。自分たちが所有している不動産を、いかにお金を生むものにしておくかということを、常に意識するようにしましょう。

そのあたりを考えずに、安易に相続してしまうと、その不動産に泣かされる羽目にならないとも限りません。

「覚悟を持つ」というと大げさになってしまいますが、不動産を所有するには、絶えず時代の流れを読み、それに合った経営をしようという気持ちが求められるのではないでしょうか。

常に満室経営を目指そう！

いろいろなお話をしましたが、ここでポイントをまとめておきましょう。

まず、**不動産仲介店（担当者）と懇意になっておく**ということです。そうすると、優先的に部屋を紹介してもらいやすくなります。場合によっては**フリーレントやAD料の積み増し**を活用しましょう。

次に、管理会社に管理を頼んでもいいけれども、**空室状況は常に把握しておく**ことです。

不動産賃貸のビジネスモデルというのは、とても単純です。

家賃収入ー支出（修繕費など）＝手残り

この計算式で手残りがプラスになればいいだけの話です。

注意したいのは、「支出」の中に、所得税・住民税・事業税などの税金と、借入の返済額を含めるのを忘れずに、ということです。逆に経費のうち、「減価償却費」は含めません。

家賃収入から、これらの「支出」を差し引いた額がプラスになるようにしなければなりません。

要は、**収支をプラスにできるだけの家賃が取れる**、ということが大切なのです。

これは、新たに賃貸アパートやマンションを購入する場合にも言えることです。物件が「相場よりも安いからお買い得」という理由で購入したはいいけれども、入居者が少ないのでは話になりません。「安物買いの銭失い」になってしまいます。

「**長い目で見たときにどうなのか**」という視点を忘れないようにしてください。

そして、「**家賃から、修繕費・借入返済・税金を引いても、プラスになる物件**」に育てて、将来の相続税の資金を貯めていきましょう。

POINT

- 不動産を相続する場合、相続税だけでなく不動産経営をわかっている税理士を確保しておくとよい。
- 不動産経営では、仲介店や管理会社との関係づくりが重要。業者と良い関係を作ることで満室経営を実現することができる。

第6章

不動産オーナーの節税はこうして行う

1

一定以上の不動産収入がある場合は法人化節税がおススメ！

法人化節税《ほうじんかせつぜい》をしたほうがいいケースとは

不動産収入のある人にとって、「**いかに納税額を少なくするか**」というのは、最も大きな関心事でしょう。この章では節税法についてご説明します。

一定以上の不動産収入のある人にぜひとも検討していただきたいのが、**法人化節税《ほうじんかせつぜい》**です。

法人化とは、身内が１００％資本（株主）の**資産管理法人**（会社）を作るということです。資産管理法人とは、入居者募集や家賃入金管理、物件の維持管理を行なうだけでなく、資産の運用や保有も目的とした会社です。

法人化するメリットは「**所得税・相続税のいずれもダブルで節税できる**」という1点に尽きます。

法人化節税に踏み切る目安となる金額は、年間の不動産所得で500万～800万円を超えたあたりになります。不動産所得とは、家賃収入から固定資産税や減価償却費などの経費を差し引いた利益のことを言います。

私は、お客様に対し、不動産所得だけで500万円を超えたあたりから「法人化節税を検討してもいいでしょう」という言い方をしています。

年間の家賃収入が1000万円を超えないと、通常は所得500万円には達しません。したがって、小さなアパートを1棟持っているだけの場合などは対象にはならず、大きな規模のマンションあるいはアパートを複数持っているケースが対象になります。

私の住む名古屋では、ワンルームの賃貸物件の平均家賃が月5万3000円程度なので、年間の家賃収入1000万円を超えるのは、15戸以上を所有している人というイメージになります。アパートでいうと2棟を所有しているくらいが、法人化節税をしたほうがいいかどうかの分かれ目になります。

法人化節税のメリット

では、法人化節税にはどのようなメリットがあるのかを見ていきましょう。

①所得が多くなると法人税の方が所得税よりも税率が低くなる

所得が多くなると、個人に対する所得税率よりも、法人に適用される**法人税の税率の方が低く**なり、節税効果を得られます。個人に対する税率は、所得金額が多くなればなるほど税率が高くなる超過累進税率が適用されます（図表８）。

所得税と住民税を合算した税率表を見るとわかるように、不動産所得から社会保険料や基礎控除などの所得控除を差し引いた課税所得金額が、３３０万円超６９５万円以下の場合の税率は30％ですが、９００万円超１８００万円以下だと43％、１８００万円超４０００万円以下だと50％にもなり、これに事業税が加わりますので、課税所得の半分以上が税金で持って行かれる計算になります。

一方、資本金１億円以下の中小法人の場合、年間の利益が８００万円超でも約34％

図表8　個人と法人に適用される税率の違い

■個人へ課される税率（所得税と住民税を合算）

課税所得金額	税率	控除額
～195万円以下	15%	
195万円超～330万円	20%	97,500円
330万円超～695万円以下	30%	427,500円
695万円超～900万円以下	33%	636,000円
900万円超～1,800万円以下	43%	1,536,000円
1,800万円超～4,000万円以下	50%	2,796,000円
4,000万円超	55%	4,796,000円

■中小法人（資本金１億円以下）の税率（法人税・住民税・事業税を合算）

課税所得金額	税率
～400万円以下	約21%
400万円超～800万円以下	約23%
800万円超	約34%

※平成28年度、標準税率ベースの法定実効税率

です（なお、法人の場合、この税率で算出された税金のほかに、約7万円の均等割りという住民税が課税されます）。

つまり、後述する役員報酬《やくいんほうしゅう》が0円だとしても、課税所得額が900万円を超えると、所得税と住民税を合算した税率が法人の税率を上回るわけです。

サラリーマン大家さんの場合は、給与所得も考慮しなければなりません。家族構成などにもよりますが、ざっくり言って年間の給与が1000万円程度の人ですと、すでに給与所得だけで税率が30％に達していますので、ここにさらに不動産所得が上乗せされると、税率がさらにアップする可能性が高くなります。

法人では、不動産所得が次のように計算されます。

法人（不動産）所得＝不動産（家賃）収入－損金《そんきん》（必要経費）

家賃などの不動産収入から、法人税法上の損金《そんきん》（必要経費）を差し引いて、法人（不動産）所得を算出します。

法人税率が低いことに加え、後ほど詳しく説明しますが、損金として認められる**経費の範囲が個人事業よりもぐっと広がる**ため、所得を圧縮し、節税につなげることができます。

②所得の分散ができる

個人の場合でも、青色事業専従者給与《あおいろじぎょうせんじゅうしゃきゅうよ》として配偶者などに給与を払うことはできます。

しかし、法人化すると、それよりももっと大きなスケールで**役員報酬《やくいんほうしゅう》を支払う**ことができるようになるのです。従業員と社長では、給与水準がかなり違いますよね。

たとえば、法人で500万円の利益が出ているとしましょう。この場合、法人税等が約110万円発生します。

しかし、たとえば他に収入のない妻と息子を法人の役員にして、それぞれ150万円ずつ役員報酬として払えば、全体の税金は約57万円とほぼ半分になり、大きく節税することができるのです。これを「**所得分散効果《しょとくぶんさんこうか》**」と言います。これは所得税や法人税だけでなく、相続税対策にもなる一石二鳥の対策です。

③世代間の所得移転ができ、相続税対策になる

たいていの場合、不動産オーナー本人が家族の中で一番所得が多く、所得税率が高いものです。そこで、所得税率の低い、オーナー以外の人に給与を払うようにすると、法人を通して所得を分散し、節税につなげることができます。これが「所得分散効果《しょとくぶんさんこうか》」です。

子供など、次の世代に払うようにすると、オーナーの存命中に（税引後の）給与額分だけ、資金を下の世代に移転できます。給与を受け取った子供などにとっては、贈与税を払わずに贈与してもらったのと同じで、それを相続税の納税資金に充てることができます。これを「所得移転効果《しょとくいてんこうか》」と言います。

さらに、給与とは別に、一般の贈与を行うことで、贈与税の基礎控除額（110万円）を有効に使い、贈与税を低く抑えつつ、相続税の節税と納税対策をダブルでできます。

また、個人所有の不動産を相続した場合、不動産の評価額に対して相続税が課税されます。相続登記の費用も必要です。

一方、法人の所有している不動産には相続税などは課税されません。法人の株主が

所有している株式の評価額に対して相続税が課税されるしくみになっています。

この株式の評価額は、法人の不動産を個人所有している場合と比較して、低く評価できることが多いですし、そもそも株主を下の世代の人にしておけば、株式はそもそも相続財産ではなくなるため、相続税はかかりません。

しかも、不動産の相続と異なり、相続登記の必要がなく、株式を相続するという形になるため、手続きも簡単で、遺産分割が比較的スムーズになり、遺産争いのトラブルを回避することができます。

④経費の範囲が広い

所得税の計算と法人税の計算では経費（法人税では損金）の範囲が異なります。**法人の方が経費の範囲が広がり**、生命保険や経営セーフティ共済を活用した節税が可能になります。

⑤利益と損金《そんきん》を相殺《そうさい》できる

個人の場合、（一部のマイホーム以外の）事業用不動産を売却して売却損が出たとしても、給与所得など「不動産譲渡所得」以外の所得から差し引く（損益通算《そんえきつうさん》する）ことができません。「不動産譲渡所得」同士でないと、損益通算ができないルールになっているからです。

ところが、法人の場合、不動産の売却損が出た場合、**他の利益と相殺することができます**。この結果、利益を圧縮して節税へとつなげることができるのです。

⑥欠損金《けっそんきん》（赤字）の繰り越しができる

個人の場合、（一部のマイホーム以外の）不動産で譲渡損《じょうとそん》が出て、他の不動産の譲《じょう》渡益《とえき》と損益通算《そんえきつうさん》して損が残ったとしても、翌年以降にそれを繰り越すことはできません。また、青色申告している場合でも、不動産所得は3年しか繰り越せません。しかも、その場合でも所得控除額は切り捨てられます。

ところが、法人の場合は、青色申告をした年に生じた不動産売却損や大規模補修を行った年の赤字などすべての赤字について、欠損金《けっそんきん》として**9年間にわたって繰越し**、翌年以降の利益から控除《こうじょ》（相殺《そうさい》）することができます。

法人化のデメリット

一方、法人化にはメリットだけではなく、次のようなデメリットもあります。ただし、本書の対象読者であるみなさんにとっては、実質的にデメリットはあまりないという方も多いと思います。

①交際費の損金算入に制限がある

資本金1億円以下の法人の場合、損金算入できる**交際費は年間800万円まで**に制限されます。もっとも、不動産オーナーの場合、年800万円以上の交際費を使う方はまずいないと思いますので、実質的には問題ありません。

②赤字の年でも法人住民税の均等割が課税される

たとえ、法人が赤字だった場合でも、法人として存在するだけで、法人住民税のうち、所得に関係なく均一に課税される「均等割」の部分がかかってきます。

均等割の額は、標準額が全国一律で決められていますが、都道府県や市町村ごとに一定の範囲内であれば変更が可能なので、実際は自治体によって多少異なります。資本金の額が1000万円以下であれば、標準的に**年7万円ほどの負担が増えます**。

③税務署のチェックが厳しく、確定申告が大変になる

税務署には「法人課税部門」という部署があり、まめにチェックを行っています。**個人事業主に比べて、厳しいチェックの目にさらされる**ようになることは覚悟したほうがいいでしょう。

また、確定申告も大変になるので、個人事業主のときは自分で申告書を作成したという人でも、手に負えなくなる可能性が高いです。**税理士に確定申告を依頼すると、費用が発生する**ので、それもデメリットの一つと言えるでしょう。

POINT

- 不動産収入が一定以上ある場合、「法人《ほうじん》化《か》節税《せつぜい》」をぜひ検討すべき。所得《しょとく》分散《ぶんさん》効《こう》果《か》や所得《しょとく》移《い》転《てん》効《こう》果《か》などの様々なメリットがある。
- 「法人化節税」はメリットが多い反面、税務署のチェックが厳しく、確定申告手続きも煩雑なので、税理士との連携が必要不可欠。

2

法人化節税は
どのように行えばいいか

法人化節税の3つの方法

法人化節税には次の3つの方法・方式があります（図表9）。

①管理料徴収方式《かんりりょうちょうしゅう》

②サブリース方式（転貸方式）《てんたい》

③不動産所有方式

このうち、どれがベストかというのは不動産オーナーのそのときの状況によって変

図表9　法人化節税3つの方法

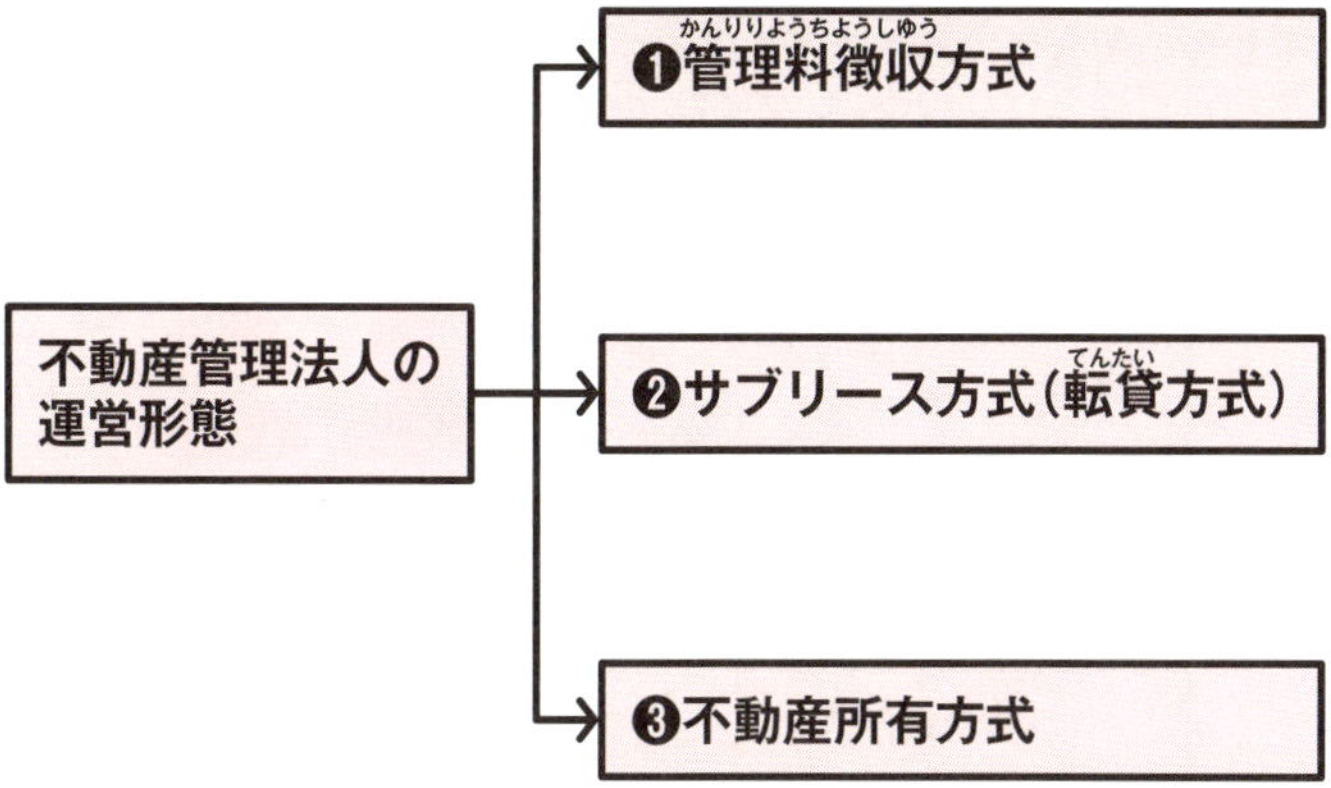

わるため、一概に「この方法がベスト」とは言い切れません。ただし、3つの方法のうち1つを選んだら、ずっとその方法でやっていかなければならないと思われる方がいらっしゃいますが、そんなことはありません。

たとえば、最初にいずれかの方法でやって数年後にそれがベストでなくなったら次の方法に切り替える、というふうに、フレキシブルに変更することができるのです。

では、それぞれの方式についてご説明しましょう。

図表10　管理料徴収方式

不動産の所有者はあくまでも個人オーナーであり、法人は個人所有物件の管理を行うのみ。そのため、不動産管理法人が得るのは「管理料収入のみ」。

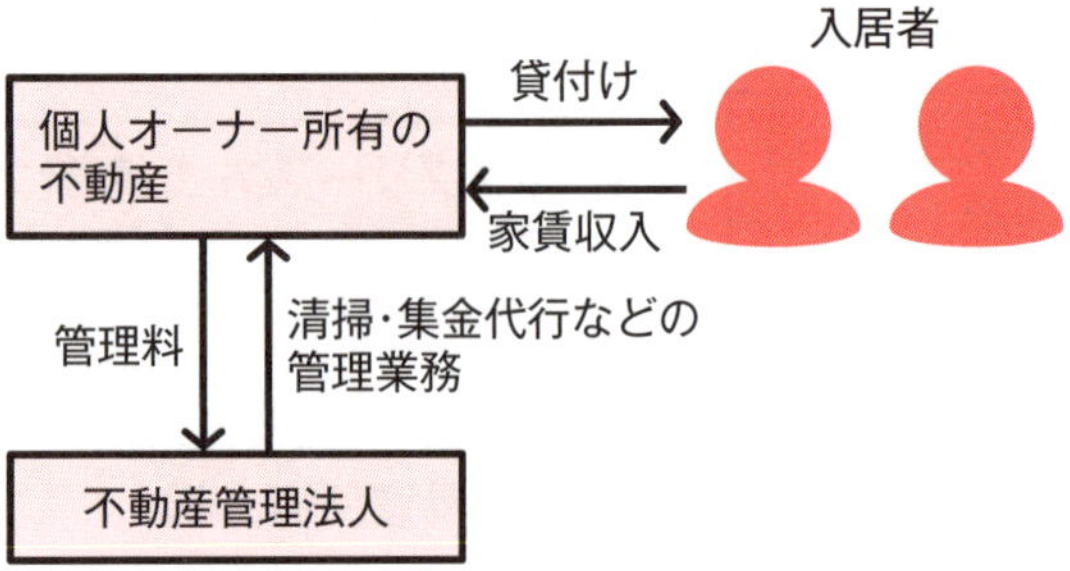

①管《かん》理《り》料《りょう》徴《ちょう》収《しゅう》方式

不動産の管理（家賃の集金や清掃など）を行う資産管理法人をオーナーが自ら設立し、土地や建物の所有は「個人」のまま、管理業務だけをその法人に委託《いたく》するやり方です（図表10）。

先ほど「どれがベストかは一概に言えない」と言いましたが、この方式に関して言えば、**節税できる金額が少ない**のであまりお勧めできません。

というのも、法人が得られる管理料収入は、一般的には家賃収入の5〜6％程度が限界だと言われているからです。たとえば月100万円の家賃収入がある場合、5～6万円程度ということになります。それ以上の管理料を取る管理法人は税務リスクが高くなります。

なぜなら、身内で管理料を自由に決められるからといって、世間相場ではあり得ないような高額な管理料にしてしまうと、税務調査が入った場合、否認《ひにん》されてペナルティーを払わされることになりかねないからです。

ですから、この方式を採用する場合は、世間相場である上限5～6％しか、所得分散と所得移転ができないので、法人の維持管理コスト倒れするケースが多くなります。所得分散効果と所得移転効果を狙うためには、現実的には②のサブリース方式か③の不動産所有方式のうち、どちらかを選ぶということになります。

②サブリース方式（転貸《てんたい》方式）

サブリースとは英語で「また貸し」のことです。

個人所有の収益物件を、不動産オーナー一族が設立した不動産管理法人が、一括して借り上げる賃貸借契約《ちんたいしゃくけいやく》（サブリース契約）をするのがこの方式です（図表11）。

図表11　サブリース方式（転貸方式）

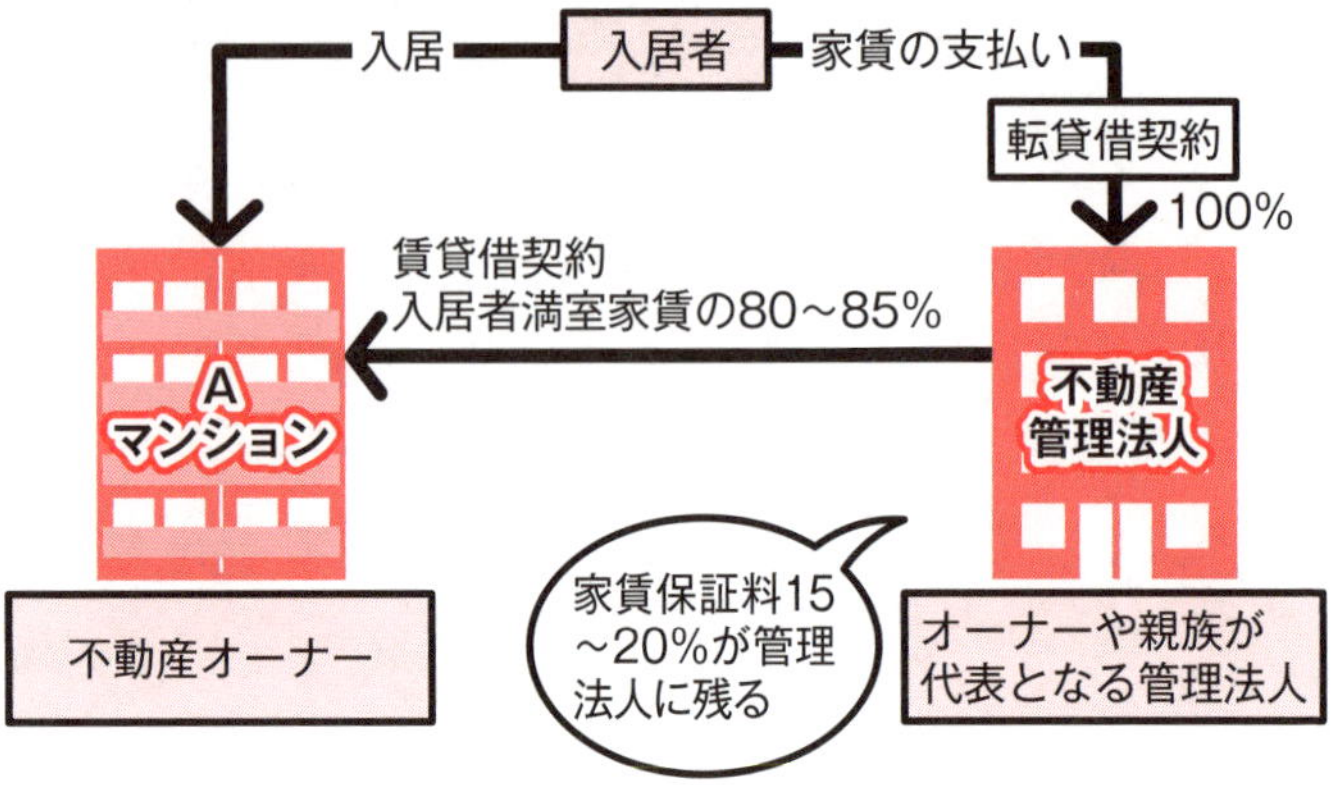

広告で「相続税対策のために、アパートを建てませんか？　**家賃は保証します**」というのがありますが、あれをイメージしていただくとわかりやすいでしょう。それを身内で作った会社が**家賃を保証する**ということです。

たとえば、満室の場合の1カ月当たりの家賃収入が100万円だったとして、それを80万円で借り上げるというようなことです。100万円－80万円＝**20万円**が、管理法人の取り分になります。

オーナーからすると、満室のときは管理法人の取り分がマイナスになりますが、**空室保証料（20万円）**を支払うことで、空室が多いときでも80万円の**家賃保証**を得られるので、安心していられるというメリットがあります。

しかし、管理法人にとっては空室リスクがあります。たとえば、入居者が半分になってしまったら、家賃収入は50万円に減ります。しかし、80万円の**家賃保証**をしているので、30万円の赤字になってしまいます。

ただし、空室がちゃんと埋まりさえすれば、サブリース方式は管理方式よりも多くの取り分を管理法人に移すことができます。

また、前述した管理徴収方式では管理料は家賃収入の5～6％程度しか取ることができないと言われていますが、サブリース方式では一括借り上げをして**空室リスクを負っている分**、取れる金額は多くなります。一般的には家賃収入の15～20％程度と言われていますので、管理徴収方式の5～6％と比べると圧倒的に所得移転効果があると考えていただいていいでしょう。

管理料徴収方式よりも多くの所得が法人に移るので、所得税がより抑えられること、法人としての利益には、（所得の多い個人にとっては）所得税よりも税率の低い法人税が課税され、さらに給与を払うことで、所得分散と所得移転が可能になるという点で、**節税メリットは大きくなります**。

ただし、サブリース方式には注意しなければいけない点があります。

100万円の満室賃料に対して、**空室保証料**を差し引いた借り上げ賃料をいくらに設定するかを決めるのが、とても難しいのです。

空室保証料率の決定においては、**その物件の所在する地域ごとに空室率を見極める**ことが非常に重要になってきます。賃貸物件の需要の多い地域では保証料率は低くなり、逆に需要の少ない地域だと保証料率は高くなります。数字で言えば、2%から35%くらいの幅があるのが現状です。

もし、このパーセンテージをその地域における賃貸物件の空室率の相場よりも明らかに高く設定してしまった場合、あとで税務調査が入ったとき、**否認《ひにん》される可能性が高くなります**。

だからと言って、「税務調査に引っかからないように」と、安全を狙って空室保証料率を世間相場よりもかなり低くしてしまうと、節税効果を得られません。

そもそも会社を持っているだけで、その会社の維持管理コストがかかります。コスト分を節税額から差し引くと、「法人化する意味があるのか?」という話になってしまうのです。

安全を見たら法人化節税の効果がなく、効果を得られるようにすると、税務調査リスクが高まるということです。

極論を言うと、税務調査で勝てないと意味がないので、サブリース方式を選択するということは、税務調査リスクとの闘いとも言えます。

手前味噌になりますが、私の税理士法人ではサブリース方式による法人設立のお手伝いを数多くしてきていますし、規模の大きな不動産管理会社の顧問もやっていますので、愛知県内であれば、「このくらいまでなら大丈夫」というラインがよくわかっていて、メリットを出すことができます。でも、慣れていない税理士や本社が他地域の税理士法人に頼んでしまうと、適切な**空室保証料率**を設定することができず、サブリース方式のメリットが生かされないということにもなりかねないのです。

③不動産所有方式

不動産所有方式は、まず建物を不動産オーナー一族が設立した不動産管理法人に売ります（図表12）。最初から不動産管理法人が借金をして建物を建築するという場合

図表12　不動産所有方式

不動産管理法人が個人オーナーの物件を購入し、物件の賃貸を行う。不動産管理法人が不動産（主として建物）そのものを所有するので、家賃収入は100%不動産管理法人に入る。所得分散効果が最も大きいと考えられる方式。

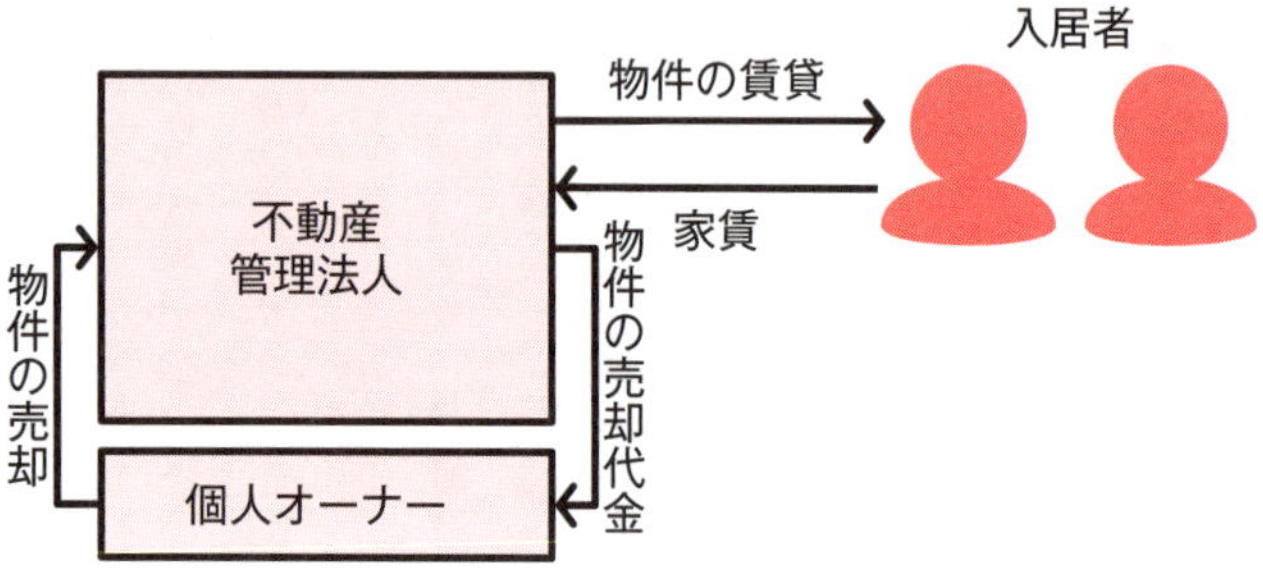

もあります。すると、**家賃収入が100%法人のものになる**ので、3方式の中では所得分散と所得移転効果が最も高くなる可能性があります。これが不動産所有方式の最大のメリットです。

ここまで解説した管理方式やサブリース方式のように、毎年の家賃収入について、税務調査で「○%の管理料、空室保証料は妥当かどうか?」という問題は発生しません。

ただし、管理法人に**建物をいくらで売るか**は問題にされることがあります。世間相場よりも安かったり高かったりすると、税務調査で否認《ひにん》されます。

これもサブリース方式同様、慣れていな

い税理士に任せっぱなしにしていると、後で痛い目に遭わないとも限りません。経験豊富で信頼できる税理士法人に頼んで、売却金額を決めるようにしたいものです。

もう一つのポイントは、**敷地は売らずに残した方が良い場合が多い**ことです。土地まで売ってしまうと、譲渡所得税が発生する可能性があります。特に過去に相続で取得したような土地の場合は、土地の売却額の95％に対して課税（20・315％）されてしまいます。さらに、不動産取得税と登録免許税、司法書士費用などもかかってきます。

ですから、敷地を個人名義のまま残して、法人が敷地を借りている形にするのがお勧めです。その際、税務調査で引っかからないように契約書などの書類を整えつつ、税制上で有利になるように地代や株主・役員報酬などを決めなければなりません。ここもまたスキルと経験の蓄積が要求されるところです。

また、これをやる場合、税務署に「**無償《むしょう》返還《へんかん》の届出《とどけで》**」というものを提出しておかないと、**借地権課税《しゃくちけんかぜい》という多額の税金が課税される**可能性があるので、注意が必要です。

そういうことまでアドバイスできる慣れた人に頼まないと、みすみす税務リスクを負うことになってしまいます。これも注意すべき点の一つです。

不動産所有方式が向いている物件

所得分散と所得移転効果の高い不動産所有方式ですが、どの物件でやっても効果を得られるというわけではありません。

収益率の低い物件でこれをやった場合、**あまり効果がない**のです。さらに相続税を考慮すると、相続税評価額が売却価格より高い物件を管理法人に売ると、特に売却後数年は相続税が高くなってしまうので、売却価格が安い物件を移動させた方がいい、というのが定石です。

具体的には、**築浅《ちくあさ》の物件は**売却価格が比較的高額なので避けたほうがいいでしょう。しかも建物が新しいうちは減《げん》価《か》償却《しょうきゃく》費《ひ》という計算上の経費が多くなるので、個人の所得税が比較的低く抑えられます。あえて不動産所有方式を選ぶ必要性がないので、**サブリース方式にしておいたほうがいい**ケースが多いでしょう。

話をまとめますと、不動産所有方式に向いている物件とは、**築古《ちくふる》で比較的入居率が**

いい物件、すなわち売却価値が低い割に収益性がいい物件ということになります。

不動産所有方式成功の可否は、オーナーの「生存期間」による

建物を所有する大きな目的の一つに、「**相続税の圧縮**」があります。

法人化の管理料徴収方式・サブリース方式・不動産所有方式の3方式のうち、最も所得税の節税効果が高くなる可能性があるのは不動産所有方式です。

ただし、そこには一つ**条件**があります。それは何かというと、法人を設立したオーナーが「設立後、**一定期間生存した場合に**節税効果が（3方式のうち）最大になる」ということです。

先ほど、管理料徴収方式はあまり節税効果がない、とお話ししました。

サブリース方式は管理料徴収方式を**はるかに上回る効果**があります。この方式を採用した場合のデメリットは、不慣れな税理士に頼むと、節税効果があまりないか、または税務調査で問題になるということだけです。強いて言えば、**空室保証料**の設定が難しいのと、「所有方式をうまく活用したときの節税効果には及ばない」ということ

くらいです。

3つ目の不動産所有方式は、所得の多い方にとっては、最も所得税節税効果が高くなる可能性があります。ただし、「**オーナーの生存期間次第で損をすることもある**」というデメリットがあるのです。

ではその理由をご説明しましょう。

5000万円で建築したばかりの築浅《ちくあさ》のマンション（年間家賃収入500万円）一棟を、個人で持ち続けた場合と、不動産所有方式で法人化した場合の2通りのパターンで見てみます。

①個人で持ち続けた場合

相続税評価額を計算してみます。

建物の場合、私の住んでいる名古屋では一般的に固定資産税評価額は建築費の6掛け程度となるため約3000万円。ここにさらに賃貸マンションは借家権控除が効くので（満室の場合）7掛けとなり、3000万円の70％で2100万円。したがって、このマンションを個人で持ち続けた場合の**相続税評価額は2100万円**になります。

このとき相続が発生し、相続税率を30%とすると**相続税の額は630万円**となります。

②法人化した場合

一方、不動産所有方式で法人化した場合、考え方はこうなります。

個人の所有する相続税評価額2100万円のマンションを、法人に時価である5000万円で売却するということになります。

すると、この時点での相続税評価額は5000万円の売却金ということになります。

ここで相続が発生すると、相続税評価額の計算はこうなります。

売却金（現金）5000万円＝**相続税評価額5000万円**

5000万円の相続税評価額に対し、30%の税率で**相続税**がかかるとすると**1500万円**になります。個人で持ち続けた場合の630万円に対して、**870万円と約2・4倍も高く**なってしまうのです。

本書では込み入った説明は割愛させていただきますが、不動産所有方式では完全に所有権が法人に移ることになるため、オーナーの生存期間次第で、法人化によって逆に相続税を余計に払うことになってしまう可能性があるということを心に留めておいてください。

最初にサブリース方式を選ぶ

築浅《ちくあさ》の物件を初めから不動産所有方式にしてしまうと、オーナーが法人設立から間もなく亡くなった場合、個人で持ち続けたときよりも相続税額が高くなってしまうことが多いです。

そこで私がお客様にお勧めしているのが、**最初はサブリース方式**にしておき、築古《ちくふる》になったり、相続が発生してから不動産所有方式にする方法です。

これならリスクなく法人化節税のメリットを享受《きょうじゅ》することができます。

ただし、この場合は不動産相続を多数扱ったことのある税理士に、よく相談しながら行った方がいいでしょう。

先ほどもお話ししましたが、サブリース方式は**空室保証料**を家賃収入の何パーセントに決めるかが非常に難しく、これが物件が建っている地域の空室率からかけ離れていると、税務調査で否認《ひにん》されてしまう確率が高くなるからです。

法人化節税は税務調査を念頭に行う！

税務調査とは、申告書に書いてある内容に疑問点があった場合、所轄税務署の税務調査官が（通常は）相続人の自宅に来て行われるものです。

「節税のためだけにやったのではないか？」と質問されたものに対して、一つひとつ、「いいえ、そうではありません」と根拠を示して反論し、税務調査官を納得させなければなりません。それができなければ「申告漏《も》れ」ということになってしまい、通常は修正申告をしなければなりません。

修正申告には相続人全員の理解が必要となります。なぜなら、申告漏れとなった税額は相続人全員に跳ね返って、全員の負担が増加することになるからです。

したがって、法人化節税をするにあたっては、最初から税務調査を意識し、仮に申告後に税務調査が入ったとしても、しっかり切り抜けることができるよう、準備しておくことが必要なのです。

入居者に対して出す文書や、法人と個人の契約書など、整備しておくべき書類も多数あります。資金の流れ、役員報酬《やくいんほうしゅう》や経費の額、どれを法人の経費にしてどれを個人の経費にするかなど、税務調査でどんなふうに突っ込まれても、説明できるようにしておかなくてはなりません。

要するに、税務調査を無事に切り抜けるには明確な手順があって、やることをやっておかないと申告漏れ扱いになってしまうということです。

とはいえ、一般の人は税務調査が入るとなったらおどおどしてしまうでしょう。ある日突然、「申告内容についてお聞きしたいことがあります。来週〇日にうかがってもいいですか」と税務署から電話がかかってきます。

平成23年分のデータによると、相続税の申告をした人の3割弱に税務調査が入るようです。相続税の金額が大きい方が入りやすいですが、金額が小さくても入るときは入るので、油断はできません。

私はお客様から、税務調査が入る旨のご連絡をいただいたら、早速面談して預金通帳や有価証券、不動産関係の書類などを前に、綿密な打ち合わせをします。これまで数多く税務調査の現場に立ち会ってきた経験から、税務調査官が目をつけるところや聞いてくることがわかっているからです。事前にリハーサルを行い、「こう聞かれたらこう答える」と具体的にアドバイスもしています。

税務調査当日は私たち税理士も立ち会いますが、税務調査官からの質問には、まずお客様に答えてもらうようにしています。そうしないとお客様は何もわかっていなくて、「税理士が主導して節税のための工作をしたのではないか?」と思われてしまうからです。ただ、お客様がうまく説明できないところは、もちろん私たちがフォローするようにしています。

ただ、税務調査を切り抜けるには、やはり日ごろからオーナーとそのご家族には、やるべきことをやっておいていただいた方が安全です。

たとえば、奥様やお子さんが法人の役員になっているのならば、ちょっとでも仕事を手伝ってもらうようにアドバイスします。経理でも電話番でもいいのです。決算のことも全然わかっていないというのはまずいので、多少なりとも知っておいてもらいます。

というのも、税務調査官は往々にしてその辺を狙ってくることがあるからです。わざと困るような質問をしてきたり、痛いところを突いて来たりすることがあります。

ご家族相手に、「法人で何の仕事をしているか、書き出してください」と言われることもよくあります。そんなとき、まったく法人の実務に携わっていないと、何も書けません。それでは困るわけです。

法人化節税をするのであれば、単に節税にとどまらず、その先にある相続、そして税務調査のフォローまでを万全にしてくれる税理士を選ぶようにしてください。

POINT

- 「法人化節税」は①管理料徴収方式、②サブリース方式（転貸方式）、③不動産所有方式の3つの方法がある。
- 「法人化節税」を行った場合、税務署の税務調査対策は必至。税理士と相談の上、資料の準備や想定問答などの対策を行うべき。

3 生前贈与で相続財産を圧縮する

生前贈与とは

第4章でもお話ししたように、贈与には、一人につき年間110万円まで非課税になる**「贈与税の基礎《きそ》控除額《こうじょがく》」**のしくみがあります。人数に制限がないので、贈与される人の数が多ければ多いほど、節税効果が高まります。

たとえば、親が子供や孫など4人に毎年110万円ずつ贈与した場合、毎年440万円が相続財産から減っていく計算です。10年で4400万円、相続財産を圧縮できることになります。

また、一定以上の財産をお持ちの方は、**贈与税を支払ってでも多くの財産を贈与し**

たほうが相続税の節税になるケースが多いです。たとえば、200万円贈与をすると贈与税は9万円。200万円に対して税負担はたった4・5%で済みます。4・5%を超える相続税がかかる人であれば、9万円の贈与税を支払ったほうが節税になるというわけです。

ただ、税務署から「節税のために計画贈与では?」と疑われる可能性もありますので、やり方には注意が必要です。

不動産の生前贈与

また、現金だけでなく、不動産を生前贈与するという方法もあります。

実は、これには現金の贈与とは異なり、デメリットもあります。なぜかというと、贈与された側に不動産取得税がかかりますし、不動産の登記費用もかかるからです。面倒くさい上に、コストがかかるのです。

ただ、不動産には現金にはない特徴があり、それが大きなメリットにつながります。現金にない特徴というのは、「**不動産はお金を生む**」ということです。

わかりやすくするために、贈与税の基礎控除額と同じ110万円の不動産を例に挙げます。

親から子供へ110万円の不動産が贈与されました。その不動産が年間10万円の利益を生み出すとしましょう。

110万円の不動産をもらって、年間10万円の利益を生んでくれたら、10年後には210万円、20年後には310万円になります。110万円もらったものが、310万円になるわけです。

親の側では財産がその分減る（増えない）ので、相続税評価額の節税になります。

では、逆にこの不動産をもらわなかった場合はどうなるでしょう?

110万円のものが20年後に310万円になります。そこで相続が起こると、親の相続税評価額310万円として相続税の対象になります。

でも、20年前に贈与しておけば、親の財産としては0円です。つまり、相続税の節税効果があるのです。これを「**所得移転効果**」という話は、前にもさせていただきました。

また、このケースでは、相続税だけでなく所得税の節税にもなります。

親が毎年、10万円の収入を得れば、当然そこに所得税がかかります。でも、不動産が子供の方に移ってしまえば、その分、親の所得税は減ります。もちろん、その場合、今度は子供に所得税が課税されます。しかし、所得税は累進《るいしん》課税《かぜい》なので、所得が多い人ほど税率が高くなるしくみです。

所得が多い親のほうが、子供よりも税率が高い場合、親から子供へ所得を移転したことで、一家として見た場合、所得税の節約になるのです。

ただし、先ほどお話しした通り、不動産の贈与に関しては、登録免許税と司法書士報酬、不動産取得税などのコストがかかります。かかるコストの額は、１１０万円の不動産の場合、登録免許税と司法書士報酬で約６万円、不動産取得税で約２万円が目安となります。

POINT

- 親が生きている間に財産の一部を生前贈与することで、相続財産を圧縮、結果的に相続税を軽減することができる。
- 不動産の生前贈与は現金と違って、税金やコストが余分にかかるが、より多くの所得税と相続税の軽減を図ることができる。

4 養子縁組で相続税を減らす

養子縁組《ようしえんぐみ》とは

養子縁組をするのも相続税の節税対策になります。

私のいる名古屋で多いのは、財産が多くて男の子がいない家でお婿《むこ》さんを養子にするケースです。会社経営者よりも不動産オーナーの方が多いようです。

不動産オーナーは血筋や家（名字）を大事にする人が多いので、娘を嫁にやれば孫が外孫になってしまうけれども、婿《むこ》を取って後を継がせ、孫も内孫《うちまご》に、と考える方もいるようです。特に都市部よりも郊外の農家でその傾向は強いように感じます。

相続税の基礎控除額は、1人につき600万円大きくなるので、養子縁組で相続人が増えた分、課税対象額が減ります。また、相続税の計算は養子も含めた相続人の数で財産を割り算した上で累進相続税率《るいしんそうぞくぜいりつ》を掛け算するので、多くの場合、平均税率が下がります。また、生命退職や死亡退職金の非課税枠も1人につき500万円大きくなります。

ただし、**相続税を計算する際、養子は1人（実の子供がいない場合は2人）まで**しか相続税の節税効果は認められませんので、注意してください。

養子縁組の注意点

ただ、一度養子にしてしまうと離縁《りえん》することが非常に難しくなりますので、慎重に行ったほうがいいでしょう。

また、外孫《そとまご》（嫁に行った娘の子供など）を養子にする場合、基本的に名字が変わることになります。もし、その子に小学校受験をさせたい場合などは、養子にするのを慎重に考えたほうがいいかもしれません。

というのも、中学受験以降だとほとんど問題になりませんが、家族の中でその子だけが名字が違うことで「家族関係が複雑」という印象を学校側に与える可能性があるからです。まだ小さいうちはいいですが、成長するにしたがって自分だけ名字が違うことにマイナスの感情を抱かないとも限りません。名字が変わる場合は慎重に判断するようにしましょう。

POINT

- 養子縁組をすると、基礎控除額などが増えることになるので、相続税の節税対策として有効である。
- 養子縁組は、一度養子にすると離縁するのが難しいのと、養子になった子供の名字の問題があり、慎重に行うべきである。

おわりに

本書を最後まで読んでいただいたことに、心より感謝申し上げます。

内容はいかがでしたか?「へぇ、そうだったんだ」「そんなやり方があったんだ」「相続や不動産の知識がついたなぁ」などと思っていただければ、本書を書いて良かったと思います。

本書は、「知識ゼロ」の方でもわかっていただけるよう、努めて易しい表現や文体で書きました。しかし、内容自体は、私のこれまでの実体験と様々な勉強や研究の結果、現在不動産オーナーの方や今後相続でオーナーになっていかれる方にぜひとも理解しておいていただきたいと思ったことを凝縮しています。

また、不動産の専門家の方にとっても、あるいは不動産相続が専門でない税理士の方にとっても、参考になる内容だと思います。

せっかく読破されたのですから、知識を得ただけで終わらせては勿体ないです。ぜひとも、具体的な行動につなげていただければ幸いです。

「はじめに」でも書きましたが、不動産オーナーにとって、現在の日本は決して良い環境ではありません。不動産を保有し続けると固定資産税をはじめとするさまざまな税金に蝕まれ、かといって売却して所有権を移転させると、今度は譲渡所得税など多くの税金の餌食になります。このような状況に置かれている不動産オーナーの方が保有する大切な不動産を自己防衛するためのお手伝いをさせていただくことが私の使命だと思います。

現在多くの不動産オーナーに向き合い続け、そして、今後も向き合い続ける身として、やはり今ある不動産をより良い形、より多い形で、次の世代に移転していくために、少しでも多くの貢献をしたいと日々考えて活動しています。

本書の内容をもっと深く知りたいという方や、目の前にある案件の相談に乗ってほしいという方は、弊社（名古屋総合税理士法人）までご連絡いただければ、できる限りの対応はさせていただくつもりです。真剣にご家族の財産を守っていきたいと考える不動産オーナーの方であれば、喜んで具体的なアドバイスをさせていただきます。

最後になりますが、本書を読んでくださったみなさまへ改めて感謝いたしますとともに、本書の執筆をご依頼いただき、編集作業で大変なお力添えをいただいた田所陽一氏をはじめとする総合法令出版の関係者のみなさまにも深く感謝の意を表します。

そして、本書執筆に協力してくれた名古屋総合税理士法人の社員・スタッフ、そして、平日も休日もなく執筆活動に没頭する私を陰ながら応援してくれていた妻・娘・息子に心からの感謝をいたしまして、本書の締めとさせていただきます。

本書をお読みになったみなさまの明日の幸せを願って

２０１７年８月吉日

名古屋総合税理士法人　代表税理士　**細江貴之**

【著者紹介】

細江貴之（ほそえ・たかゆき）

名古屋総合税理士法人 代表税理士

1978年12月26日名古屋生まれ。名古屋育ちで名古屋在住。東海中学・高等学校を経て南山大学法学部で学ぶ。卒業後、名古屋の会計事務所に勤務。年商200億円の会社や資産30億円の相続税案件などを担当しながら、相続税シミュレーション業務や相続節税を考慮した遺産分割アドバイス業務を数多く手がける。2006年税理士試験合格。2008年名古屋総合税理士法人の前身である会計事務所に転職する。同社は、名古屋最大級の相続税申告数と不動産オーナー税務顧問数を誇り、特に不動産法人化による節税を得意とする。入社後、年間数十件におよぶ相続税申告業務や不動産オーナーの生前対策・節税対策・法人化業務を数多く手がける。さらには、経済産業大臣より認定支援機関の認定を取得するなど、同社とお客様の発展に力を尽くす。2014年名古屋総合税理士法人代表に就任。セミナー講師経験も豊富で、日経新聞社をはじめ上場企業を中心とする多くの企業からの依頼で講師を務める。書籍の執筆・メディア取材・ラジオ出演等をはじめ、お客様がお客様を紹介したくなる税理士法人の経営者として、業界内外から注目を集めている。学生時代はアメリカンフットボール部と軽音楽部に所属。趣味はたくさんの人とたくさん飲むこととバイク。ぜひお誘いください。特技は洗車。

名古屋総合税理士法人

〈本社〉

〒460-0003

愛知県名古屋市中区錦三丁目15番15号　CTV錦ビル5F・7F

〈池下駅前本部〉

〒464-0848

愛知県名古屋市千種区春岡一丁目4番8号 ESSE池下4F・5F

TEL 052-950-2100（代表）

URL http://nagoyasougou.com/

本書をお読みいただいたご感想やご要望、ご質問は下記までお寄せください。

na-secretary @ hosoe-tax.com

不動産を相続する人のための
知識ゼロからの相続の教科書

2017年9月7日　初版発行

著　者　細江貴之
発行者　野村直克
発行所　総合法令出版株式会社
〒103-0001　東京都中央区日本橋小伝馬町15-18
ユニゾ小伝馬町ビル9階
電話 03-5623-5121
印刷・製本　中央精版印刷株式会社
落丁・乱丁本はお取替えいたします。

ISBN 978-4-86280-570-6
総合法令出版ホームページ　http://www.horei.com/

はじめに

——その場に合った日本語を使う力

人は言葉を用いて他人と交流する。面と向かって話をすることもあれば、電話で話すこともある。近年、ますます増えているのは、顔を合わせないままメールやSNSでやり取りする場面だ。一度も会ったことのない人と電子手段でコミュニケーションを取ることも少なくない。

言葉を用いて交流する場合、言うまでもないことだが、その使い方によって知性や品性が判断される。日本語として誤りだらけの言葉を用いたり、乱暴な言葉遣いをしたりでは、その人の知性と品性が疑われるだろう。

それだけではない。人は言葉によって他者との関係を築く。本音をそのまま口にすると角が立つ。ときに社交辞令を口にする必要がある。お世辞にまぶしてきちんと本音を伝えなければならないこともある。相手を傷つけないように気をつけながら批判しなければならないこともある。そうすることによって他者の心に配慮して、信頼関係を築いていく。それができないと、社会人失格ということになるだろう。

「人は見た目が9割」などといわれる。もちろん、そのような面もないではない。だが、見た目はよくても、言葉遣いが乱暴であれば、すぐに中身がばれてしまう。言葉はまさしく「中身」を表す。言葉遣いによって、「あの人はあんな格好をしているけれど、実はとても知的で穏やかな人なのだ」「あ

の人はあんなに上等な服を着ているけれど、本当は下品な人なんだ」などと判断されることになるだろう。どれほど見た目を飾り立てても、言葉をきちんと使えなければ、中身が伴わないことになる。

とりわけ、実際に出会うことなく、SNSだけの交流の場合、「見た目」が伴わない。言葉だけでその人柄が判断されてしまう。そうして、多くの人が、自分では気づかないうちに、「なんとこの人は失礼な人だろう」「なんとこの人は知性の欠けた人だろう」と判断され、知らぬうちに評価を下げてしまっている。

数年前のことだが、見ず知らずの人から私のもとにこんなメールが届いたことがある。個人情報に配慮して修正を加えるが、ほぼ原文のまま示す。

前略 はじめてご連絡いたさせていただきます。 私はビジネスパーソン向けの月刊誌「○○」のライターをしている者です。次号5月号(4月末発売予定) では、「知的な会議(仮題)」をテーマに特集を企画しております。あなたの書かれた『頭がいい人、悪い人の話し方』を読まさせていただいてとても面白いと思いましたので、それを会議の場でどのように応用するかについてインタビューしたいと思ったのでした。弊誌、および企画内容についての詳細は添付文書をご覧ください。

なお、締め切りが迫っておりますので、早めに返事をもらいたいと思います。

私がこのメールを読んで、すぐにお断りの返事を書いたことは言うまでもない。このように無教養で非常識な人がライターをしている雑誌のインタビューを受けても、よい記事になるはずがない、いや、そもそも本当にこの人が雑誌の記者であるかどうかさえ怪しいのではないかと判断したためだ。

目上とみなされる人に「前略」で始めているのも多少は気になるが、それはいいだろう。私が気になるのはその後だ。「はじめてご連絡いたさせていただきます」「読まさせていただいて」が文法的に間違っている。「ご連絡させていただきます」「読ませていただいて」というのがふつうだ。「あなたの書かれた」という表現も目上の人に対する場合には好ましくない。目上の人に「あなた」と使うと失礼に当たる。「とても面白いと思いました」という本の質についての判断も初対面の目上の人間には使うべきではない。

また、最後の「なお、締め切りが迫っておりますので、早めに返事をもらいたいと思います」という文は、自分の都合を相手に押し付けるだけであまりに無礼だ。私としては、ほかの何人かに打診して断られ、ぎりぎりになって私に依頼することが決まったのだろうかと勘ぐってしまう。

書いた本人はできるだけ気をつかって、失礼のないように心がけたのかもしれない。だが、あちこちにぶしつけで無教養な言葉遣いが現れている。これでは、人間のレベルが低いと判断されても仕方がないだろう。

上のメール文を少し修正すると、以下のようになる。せめてこのくらい書いてほしいものだ。

はじめてご連絡させていただきます。

私はビジネスパーソン向けの月刊誌「○○」のライターをしている者です。

次号5月号（4月末発売予定）では、「知的な会議（仮題）」をテーマに特集を企画しております。樋口様のご著書『頭がいい人、悪い人の話し方』を拝読し、その見事な切れ味に大変感銘を受けました。会議の場において先生の方法をどのように活用できるかを伺いたいと考え、ぜひインタビューをお願いしたく、ご連絡した次第です。弊誌、および企画内容についての詳細は添付文書をご覧ください。

お忙しいところ、まことに恐縮ですが、まずはご検討いただけたら幸いです。なお、大変恐縮ではございますが、それほどの期日の余裕がありませんので、できましたら、お返事を早めにいただけますようお願いもうしあげます。

修正前のメールを出すか、修正後のメールを出すかによって、その人の評価はまったく変わってくるだろう。

これまで、正しい日本語を使うための解説をする書物、間違いやすい漢字やことわざについての書物はたくさん刊行されてきた。もちろん、正しい言葉遣いをすることも大事だ。誤った言葉遣いをすると教養が疑われる。しかし、現実社会で日本語を使う場合、正しい言葉遣いをすることと同じほど大事なのは、その場に適した日本語を使うことだろう。

日本語には様々な表現がある。仲間同士のぞんざいな表現、よそ行きのしっかりした表現、もってまわった丁寧な表現、文学的な表現などなど。人はそれを場合によって使い分け、そうすることで人間関係を強固なものにしていく。

どのような言葉遣いをすれば上手に人間関係を築けるのか、どうすれば相手の心に響く言辞になるのか、どうすれば説得力のある言い訳になるのか、どうすれば失礼にならずに批判できるのか、ビジネス文書やメールを書くとき、どうすれば文章の長さを調整できるのか。実際に言葉を使うとき、正しい言葉を使うこと以上に、このようなことのほうが大事なはずだ。

本書は正しい日本語を指南するものではない。ドリル形式によって多くの練習問題を解くことによって、社会で実際に使う日本語の力を徹底的につけることを目的としている。これこそが本当の日本語の力であり、これこそが現在の日本人に求められているものだと私は考えている。

しかも、本書では、私はできるだけ楽しく問題が解けるように工夫した。にやりと笑いながら問題を読み、楽しく自分の答えを考えることができるようにしたつもりだ。

言葉を使うことにためらいを抱いていた人が、本書を読むことによって言葉を工夫し、人の心をうまくつかむ言葉を使うようにしてくださることを祈っている。

バカに見られないための
日本語トレーニング

目次

Contents

第1章

本音をオブラートに包む日本語力

第2章

いくつもの文体を使いこなす

第 3 章

語彙を増やそう

第 4 章

マナーの日本語

第 5 章

知っておくと便利な言葉のテクニック

第 6 章

あなたの周りにいる、まともな日本語を使えない若者たち

第1章

本音をオブラートに包む日本語力

社会の中で生きている限りは、本音だけを語るわけにはいかない。温厚な人間を演じなければならないし、当たり障りのない表現を用いなければならない。心にもないことを言わなければならないときもある。人を批判するときも思っていることをズバリと言うのではなく、遠回しに言わなければならない。そうしてこそ、人間関係は円滑になり、周囲と衝突せずに生きていける。

そこで必要なのが日本語の力なのだ。本音を上手に隠したり、逆に上手に本音をわからせたりするためには多くの言葉、多くの表現を知っていなければならない。言葉を練り、相手の気持ちを斟酌しながら言葉を操ってこそ、本音をオブラートに包んだ言葉を使うことができる。

本章では、上手に本音をオブラートに包んで表現する方法を練習する。

婉曲な言葉に

たとえ事実であっても、人を貶めるような言葉を人前で口にするのは好ましくない。「あいつは仕事ができない」などと公然と言うと、周囲を不快にする。「そんなに仕事ができるほうではない」「仕事に迷いを感じているようだ」などと少し遠回しで遠慮がちな言い方に改める必要がある。そのための練習をする。

問題

Training 1

次の率直な文では人を傷つけます。
もっと遠慮がちな文に改めてください。

①彼はいやなやつなので、
私は付き合いたくない。

②彼は顔が不細工なので、もてない。

③彼女は服のセンスが悪くて、
どの服も似合わない。

④君は育ちが悪いので、
彼女とは釣り合わない。

解答例

Answer

①彼はいやなやつなので、私は付き合いたくない。

→「彼は私とは馬が合わないので、あまり仲良くしようという気持ちになれない」

→「彼は私とは考え方が違うようで、いっしょに行動するのはむずかしそうだ」

→「彼はあまり人から好かれるタイプではないので、私にはうまく付き合う自信がない」

→「彼と私は、物事に対する価値基準がかなり違うから、同一行動はとれないだろう」

→「彼のような人物と付き合ったことがないので、うまくやっていく自信がない」

解説　「いやなやつ」とはっきり言わないで、「私とは気が合わない」などというように主観的な話にすると、表現を和らげることができる。また、「必ずしも……のタイプではない」「みんなから……されるタイプではない」などという表現も有効。自分がしたくない場合には、「自信がない」「相手が嫌がるだろ

う」などという方法がある。また、断定を避けて、「らしい」「そうだ」などというのもうまい方法だ。

②彼は顔が不細工なので、もてない。

→「彼はハンサムとは言えない顔立ちなので、女性の人気者とは言えない」

→「彼の顔立ちは地味なので、女性からちやほやされることは少ない」

→「彼はユニークな顔立ちをしているが、その魅力に気づける女性は少ない」

→「彼の顔立ちは個性的で魅力的だが、一般うけはしない」

解説　容姿の基準は絶対的なものではないことを前提に、否定的に表現するのではなく、「ユニーク」「個性的」など、ポジティブな特徴として表現すると感じがよい。さらに「もてない」のではなく、その価値基準を周囲が受け入れるか受け入れないかの観点で表現すれば、価値基準の相違だけであって傷つけない表現になる。

③彼女は服のセンスが悪くて、どの服も似合わない。

→「彼女の服のセンスは独特で、ほかの人にはその良さがよくわからない」

→「彼女の服のセンスは個性的で、時々周囲を驚かせる」

→「彼女は人とは違うセンスがあって、ほかの人とは違うおしゃれをしている」
→「彼女はいつも自分のセンスで服を選び、周囲の評価も気にしない」
→「彼女は、似合うかどうかよりも自分の好き嫌いで服を選んでいるようだ」

解説　②と同様に、服のセンスも絶対的なものではないので、「悪い」と断定してしまうのではなく、「独特」「個性的」のように表現すれば、肯定的になって傷つける表現にならずにすむ。似合うかどうかの判断も個人差があり、「似合わない」という否定的で切り捨てる表現は避けて、彼女独自の個性として認める表現をすることで、婉曲に似合わないことを示すのもひとつの方法だ。

④君は育ちが悪いので、彼女とは釣り合わない。
→「君と彼女とでは育った環境が違うので、不似合いだ」
→「彼女のようなお嬢さんの相手をするのは、君では荷が重い」
→「育ちの良さでは彼女にはかなわないので、彼女と付き合うのは苦労しそうだ」

解説　「育ちが悪い」は一般的には常識的なしつけや教育を受

けない環境で育つことを言うが、家柄や経済力を含むこともあり、他者に対しての使用は望ましくない。「君」の育ちの悪さよりも、相対的な「彼女」の育ちの良さを強調するほうがよい。

本音をさぐる

社会では本音をそのまま口にするわけにはいかない。本音をオブラートに包んでうまく話さなければならない。逆に言えば、人が口当たりの良いことを語っても、それをそのままうのみにせずに、真意はどこにあるのか、その言葉の中にある本音は何なのかを考えなければならない。ここでは、オブラートをはがして本音を見つける練習をする。

問題

Training 2

次の文章は
持って回った言い方をしていますが、
どのような本音を語っていると考えられますか。
その真意を率直に示してください。

①ご意見には耳を傾けるべき点もたくさんあるのですが、今では様々な状況が変わってしまっておりまして、正しい意見が通りづらくなっているので、現代人にはなかなかわかってもらえないことも多いようなんです。

②先方のご子息はとてもお嬢さんを気に入っておられて、お付き合いしたいと考えておられるようなんですが、ご両親がおっしゃるには、家柄に差がありすぎてこのまま縁談を進めるのはあまりに失礼だということでして、ご子息もご両親のそのようなお話でしたら、縁がなかったと思うしかないだろうとおっしゃっています。

③一度ご両親にもご挨拶申し上げたいと思っておりますので、そのうち機会がありましたら、ぜひ伺いたいと思いますので、その際には、よろしくお願いいたします。

④（塾の責任者が塾の先生に対して）先生の授業はとても丁寧で、先生のおかげで勉強ができるようになったと喜んでくれる生徒さんも多いのですが、残念ながらうちの塾に入ってくるお子さんのほとんどは先生の授業の素晴らしさをわかるレベルに達していないようです。先生のようにレベルの高い授業を進めていきたいと思っているのですが、今のうちはどうもそうはいかないもんですから。

解答例

Answer

①「あなたの意見は時代遅れだ」

②「相手のご子息はお嬢さんとの結婚に
それほど乗り気ではなかった」

③「しばらくは、挨拶に行くつもりはない」

④「先生の授業は一般の生徒には評判がよくない」

上手に批判する

前の問題とは逆に、今度は本音をオブラートに包んでもらう。ただし、遠回しすぎて真意をわかってもらえないと、先ざき面倒なことになる。相手が誤解して、プラスに解釈しないようにすることも大事だ。本人のためにも、少しだけでも本音をわからせたい

ここでは、きちんと欠点をわからせながらも、相手が傷つかないように語る練習をする。

問題

Training 3

次の文は本音です。
欠点はわからせながらも、相手が気分を
悪くしないような文に改めてください。

①あなた（課長）がカラオケで歌った歌は、1980年代にはやっていた歌なので、時代遅れだった。しかも、音程ははずれ、声もかすれ、リズムも崩れたところが多かった。声ばかり大きくて、一人で自分の世界に入っているようだった。

②あなた（女性上司）の着ていたブラウスそれ自体は高価なブランド品で大胆なデザインのものだったが、顔やスタイルが地味なために、服だけが目立って、むしろ顔の貧相さを際立たせていた。

③あなた（先輩）の服は見るからに安物で、ひとめでスーパーの特売の売れ残りとわかるようなしろものだ。生地も安っぽく、縫製もゆがんでいたり、ほどけがあったりする。

④君の奥さんは、特に美人でもないし、特に知的とも思えないのに、なんだか偉そうで、人に命令したり、目上の人に上から目線でアドバイスしたりする。そのような態度はとても感じが悪い。

⑤君（妻）の作った料理はいつもあまりおいしくないが、とりわけ今日の酢豚は壊滅的にまずい。肉のなかまで味が染みていないし、野菜の切り方も雑だし、野菜に苦みが残っている。ほとんど食べ物とは言えないしろものだ。

解答例

Answer

①あなた（課長）がカラオケで歌った歌は、1980年代にはやっていた歌なので、時代遅れだった。しかも、音程ははずれ、声もかすれ、リズムも崩れたところが多かった。声ばかり大きくて、一人で自分の世界に入っているようだった。

→「課長がカラオケで歌った歌は、1980年代にはやった懐かしい曲ばかりですね。さすがリアルタイムに聞いた世代だから、雰囲気が出ていていいですね。これで、音程とリズムがそろったら最高です」

→「課長の歌を聴いていると、懐かしくなってきますね。1980年代の歌ですね。さすがリアルタイムに聞いた世代だけあって、雰囲気が出ていて、すばらしいですね。ちょっと音程とリズムがそろっていないみたいだけど、それも味があっていいですねえ」

解説　「時代遅れ」は、馬鹿にした言い方なので、そのまま伝えるべきではない。一度ほめた後で改善点や弱点を示せば相手

を傷つけない。また、「上手ではないけれど、本物の味がある」という方向で語ると説得力が出る。

②あなた（女性上司）の着ていたブラウスそれ自体は高価なブランド品で大胆なデザインのものだったが、顔やスタイルが地味なために、服だけが目立って、むしろ顔の貧相さを際立たせていた。
→**「○○さんがお召しになっていたブラウスは、高級ブランドらしい大胆なデザインで素敵ですが、つい服に目がいってしまって、○○さんの上品な魅力を引き出せていない気がします」**
→**「素敵なブラウスですね。デザインがいいので、すぐに高級ブランドということがわかりますね。でも、○○さんの魅力って、ブランドなんかで引き立たせられるようなものではないと思うんです」**

解説　「○○さん自身が悪いのではなく、ブラウスとの相性がよくない」という方向が好ましい。「地味」、「貧相」を「上品」と言い換えてアドバイスすれば感じがよくなる。

③あなた（先輩）の服は見るからに安物で、ひとめでスーパーの特売の売れ残りとわかるようなしろものだ。生地も安っぽく、縫製もゆがんでいたり、ほどけがあったりする。

→「先輩は、リーズナブルな服を上手に着こなしていらっしゃいますね。でも、たまには先輩にふさわしい高級感のある服でびしっと決めたところも拝見したいです」
→「先輩が着ると、何でも高級品に見えるんですね。でも、これ、ちょっとほつれてますよ。先輩が高級品を着るともっとはえると思うんですけど」

解説　「先輩はよい。安ものはそれにふさわしくない」という方向が望ましい。

④君の奥さんは、特に美人でもないし、特に知的とも思えないのに、なんだか偉そうで、人に命令したり、目上の人に上から目線でアドバイスしたりする。そのような態度はとても感じが悪い。
→「君の奥さんは、周りの評価にはとらわれず、世話好きで肝が据わっていますね」
→「奥様は姉御肌なんですね。私自身はそんな人はちょっと苦手なんですけど、でも魅力的だと思う人は多いですよね」

解説　奥さんを客観的によくないと示すのではなく、自分とは合わないことをいう。また、お節介で偉そうであることを少し和らげた表現で示す必要がある。

⑤君（妻）の作った料理はいつもあまりおいしくないが、とりわけ今日の酢豚は壊滅的にまずい。肉のなかまで味が染みていないし、野菜の切り方も雑だし、野菜に苦みが残っている。ほとんど食べ物とは言えないしろものだ。

→**「毎日献立を考えるのは大変だろうね。毎日おいしい料理をありがとう。だけれど、今日の酢豚は、君の得意料理ではないようだね。肉は片栗粉を付けて唐揚げにして、野菜は同じ大きさに切りそろえ、一度油通しをするとプロのようにできるとネットに書いてあったよ。今度試してみてごらんよ」**

→**「いつも努力して料理してくれているのはよくわかっているけど、今日の酢豚は期待外れだったなあ」**

解説　真正面から批判すると、ずっと気まずくなる可能性がある。ともあれふだんの苦労をいたわることが大事だ。その後、努力のわりに酢豚は失敗であることをわからせる。プロ並みの作り方を伝聞形で示せば、相手を直接非難したことにはならない。

上手にアドバイスする

　前の問題と同じように、本音をはっきり言わないでオブラートに包む練習をしてもらう。ただし、今回はそれだけではなく、上手にアドバイスしなければならない。相手が言われる通りに改めたくなるようにうまく欠点を伝え、同時にそれほど気を悪くさせないように工夫する必要がある。

問題

Training 4

あなたは人に注意をして、
態度を改めてもらうことになりました。
しかし、そのまま口にすると、
相手は傷ついて怒りだすかもしれません。
したがって、少し遠回しにして、相手が
傷つかないようにアドバイスしてください。

①うちの会社は多少は服も自由でよいけれども、君の服装は限度を超えている。お客さんからもクレームが届いている。もう少し仕事らしい服装をして来なさい。

②君は先輩と行動を共にするのを嫌って、いつも自分のやり方で仕事をしようとする。それで失敗して、同僚から文句が出ている。自分のやり方を通すのではなく、チームで活動しなさい。

③君は先輩と取引先に行っている最中にも、一人でスマホをピコピコやってゲームをしているというではないか。移動中も仕事の一部なのだから、打ち合わせをするなり、先輩とのコミュニケーションを取るなりしなさい。

④あなたのカツラはどう見ても不自然でバレバレなので、カツラをやめるか、別のカツラにするほうがよい。

解答例

Answer

①うちの会社は多少は服も自由でよいけれども、君の服装は限度を超えている。お客さんからもクレームが届いている。もう少し仕事らしい服装をして来なさい。

→「うちの会社は多少は服も自由でよいけれども、限度を超える服装にはお客さんからクレームが届くこともある。君もお客さんを意識した仕事らしい服装をして来なさい」

→「私は君のセンスが気に入っているのだけど、中には無理解な客がいて、クレームが届いたらしいんだ。言われてみれば、私もちょっと君は行き過ぎだと思う。もう少し穏やかな服のほうがふさわしいね」

解説　個人に対する注意でなく、一般論としてアドバイスするのもコツだ。また、「自分は君の味方だ」ということを示したうえで諭す方法もある。ただし、その場合も、客を悪者にすると増長してしまう恐れがあるので、きちんと改めるべきだということも示す必要がある。

②君は先輩と行動を共にするのを嫌って、いつも自分のやり方で仕事をしようとする。それで失敗して、同僚から文句が出ている。自分のやり方を通すのではなく、チームで活動しなさい。

→「**君は先輩に頼るのではなく、自分のやり方で仕事をしようとする意気込みは買うが、それで失敗した時は、同僚みんなの責任になってしまう。自分のやり方を通すのではなく、チームで活動して成果を出してほしい**」

→「**君の能力はみんなが感心するほどなんだけど、自分だけのやり方を通していると、チームワークが取れなくて、ぎくしゃくしてしまう。君のせっかくの能力をみんなと一緒に力を合わせることに使ってほしい**」

解説　相手の意欲や能力をまずほめて、そのうえで、それがむしろよくない結果をもたらしていることをわからせる。

③君は先輩と取引先に行っている最中にも、一人でスマホをピコピコやってゲームをしているというではないか。移動中も仕事の一部なのだから、打ち合わせをするなり、先輩とのコミュニケーションを取るなりしなさい。

→「**君に限って、先輩と取引先に行っている最中にスマホゲームをしているということはないだろうね。移動中も仕事の一部なのだから、打ち合わせをするなり、先輩とのコ**

ミュニケーションを取るなりしなさい」
→「○○さんが言ってたんだけどね、君は移動の時にもスマホをいじっているそうじゃないか。○○さんは君のそんな態度を特にどうと思っていないようだけど、それはしてはいけないことだ。せっかくの先輩と話をするチャンスを無駄にしてはいけない」

解説　直接は注意せず、まずいことだと悟らせるのがコツだ。ただし、先輩が言いつけたと思わせないように配慮する必要がある。

④あなたのカツラはどう見ても不自然でバレバレなので、カツラをやめるか、別のカツラにするほうがよい。
→「失礼なことを申し上げますが、もしカツラをお使いでしたら不自然に見えるので、お使いになるのをやめるか、別のカツラになさるとよろしいのではないでしょうか」
→「ときどきカツラを使っているのがバレバレの人がいますよね。もっと良いカツラにするか、カツラをやめたほうがよいと思うんですけどね」

解説　先に謝罪をして、相手を怒らせないように気をつけて真正面から言ってしまうか、それとも一般論にしてしまうかのどちらかしかない。

プラスにして語る

「ものは考えよう」「ものは言いよう」という言葉がある。同じ言葉でも、言い方、考え方によって別なふうに捉えられる。「あと一日しかない」と「あと一日ある」、「引っ込み思案」と「一人で思慮するタイプ」とでは印象が異なる。ここでは上手にプラスに考え、プラスに人にアピールする練習をする。

問題

Training 5

次の文はマイナス面を強調しています。
同じような意味でありながら、
聞いている人がプラスにとれるような表現に
改めてください。

①私は気が小さいので、
常にびくびくしている。

②彼は軽率で、何も考えずにつっぱしる。

③彼女は派手好きで、
いつもけばい格好をしている。

④彼は乱暴者で、何かというと
言葉を荒立て、時には暴力をふるう。

解答例

Answer

①私は気が小さいので、常にびくびくしている。

→「私は慎重な性格で、常に細心の注意を払って行動する」

など

②彼は軽率で、何も考えずにつっぱしる。

→「彼は臨機応変で、行動が素早い」

→「彼は決断が早く、行動的だ」

③彼女は派手好きで、いつもけばい格好をしている。

→「彼女はおしゃれで、いつも印象に残る服装をしている」

→「彼女はファッションに関して表現力豊かだ」

④彼は乱暴者で、何かというと言葉を荒立て、時には暴力をふるう。

→「彼は、堂々と物おじせずに自己主張し、時には態度で示す」

→「彼はしっかりした考えをもって物事を成功させようと努力する」

心のこもったお世辞にする

現代人であるからには、それなりのお世辞を言わないわけにはいかない。下手なカラオケを聴かされても、「お上手ですね」と言わざるを得ない。だが、だからといって白々しいお世辞を言うのは、お互いにとって好ましくない。心のこもったお世辞のほうがよい。

心のこもったお世辞にするには、具体的な事例を加えるのがうまい方法だ。カラオケの歌に対して、「声がきれいですね」「音程が素晴らしいですね」などと少し具体的に語るわけだ。よいところを見つけて具体的にほめてこそ、心がこもる。

問題

Training 6

次の白々しいお世辞を
もっと心のこもるお世辞に改めてください。

①この課の方たちは本当によく働いていますね。課長の部下掌握術はさすがですねえ。感服します。

②スタイルがよろしくて、仕草もエレガントでおられるので、このドレスをお召しになると、きっと多くの方の目を引くと思いますよ。

③お坊ちゃんは顔だちもおきれいで、お話になることも利発ですので、将来どのように素晴らしい方になられるか楽しみでおられますね。

④課長の歌はとても素晴らしくて、聴いている人は誰もが感動します。

⑤奥さんは料理がお上手ですね。この料理もとてもおいしくて、お代わりをしたくなります。

⑥あなたのフェイスブックはとても魅力的で、いつもおもしろいので、また見たくなります。

解答例

Answer

①この課の方たちは本当によく働いていますね。課長の部下掌握術はさすがですねえ。感服します。

→**「この課の方たちは本当によく働いていますね。お一人お一人の動きがてきぱきしていて気持ちがいいです。課長の適切な指示の成果でしょう」**

②スタイルがよろしくて、仕草もエレガントでおられるので、このドレスをお召しになると、きっと多くの方の目を引くと思いますよ。

→**「このドレスの着こなしは簡単ではないのですが、お客様はスタイルがよくて、仕草もエレガントでいらっしゃるから、きっとお似合いです。脚の美しさをいっそう際立たせると思います」**

③お坊ちゃんは顔だちもおきれいで、お話になることも利発ですので、将来どのように素晴らしい方になられるか楽しみでおられますね。

→「お坊ちゃんは顔だちが整っているし、お話も利発だから、将来が楽しみですね。先ほど、私の顔を見て、いい天気ですねっておっしゃいましたよ。5歳のお子さんがそんなことをおっしゃるなんて驚きました」

④課長の歌はとても素晴らしくて、聴いている人は誰もが感動します。

→「課長の歌はお人柄がにじみ出て、味わいがあって素晴らしいですね。あんな低音の美声はこれまで聴いたことがありませんでした」

⑤奥さんは料理がお上手ですね。この料理もとてもおいしくて、お代わりをしたくなります。

→「奥さんは料理がお上手ですね。ハンバーグに入っているのは何なのでしょう。シャキシャキ感があってとてもおいしいんですけど何かわからずにいます。何が入っているのか教えていただけますか」

⑥あなたのフェイスブックはとても魅力的で、いつもおもしろいので、また見たくなります。

→「あなたのフェイスブックは話題も豊富で写真もきれいだから、つい毎日見てしまいます。こないだの京都で食べられた懐石料理、本当においしそうでした」

解説　ほんの少し具体性を加えることがポイントだ。「料理がおいしい」とだけ言うのではなく、どの料理のどのようなところがおいしいと思ったのか、どのような素材、どのような食感、どのような味付けに興味を持ったのかを示す。それだけでリアリティが増す。

上手に言い訳をする

人は必ず失敗する。その際、言い訳しないわけにはいかない。言い訳がうまければ納得してもらえる。下手だと信頼を失う。言い訳の上手下手によって人生は大きく変わってくる。

上手に言い訳するには、基本的には「相手のことを考え、よりよくすることを目指していたがゆえにトラブルを起こしてしまった」という方向でまとめることだ。また、自分の過失を補うだけの何らかのメリットを相手に示すことも大事だ。

以下の問題で、フィクションでもいいので、自分がそのような立場に立った時のことを考えて知恵を絞っていただきたい。

問題

Training 7

次のような状況になってしまいました。上手な言い訳をしてください。

①取引先との打ち合わせの時間に十分に間に合うと思って会社を出たら、意外に電車の乗り換えに時間がかかってしまった。まずいと思って駅からタクシーに乗ったら、渋滞に巻き込まれて、いっそう遅れてしまった。その結果、先方との約束の時間に20分遅れてしまった。先方に言い訳したい。

②転職を考えているので、転職先の状況を尋ねようと、初対面の転職先の社員を紹介してもらって会う約束をしていた。ところが、会社の仕事をしているうちに、約束の時間を忘れてしまった。約束の20分ほど後、携帯に電話がかかってきたが、それで思い出した。電話で言い訳をしたい。

③友だちが録画したテレビの歌番組のDVDを借りた。見終わった後、返そうとしていたが、どこかに置き忘れたらしくて、見つからない。そろそろ友人になくしたことを報告しなくてはならない。

④高校時代の同級生だった女性と恋愛関係にあり、しばしばマンションに来てくれている。ところが、その女性の親友と浮気してしまった。告げ口をする人がいて、その関係がばれてしまった。女性に言い訳しなければならない。

解答例

Answer

①取引先との打ち合わせの時間に十分に間に合うと思って会社を出たら、意外に電車の乗り換えに時間がかかってしまった。まずいと思って駅からタクシーに乗ったら、渋滞に巻き込まれて、いっそう遅れてしまった。その結果、先方との約束の時間に20分遅れてしまった。先方に言い訳したい。

→**「お約束の時間を20分も遅れて申し訳ありません。今日の打ち合わせに万全の準備をしようと頑張っているうちに時間になって、そのうえ余裕を持って到着しようと思ってタクシーに乗ったところ渋滞に巻き込まれ、かえって遅れてしまいました」**

解説　まず謝罪し、遅刻の事情が不可抗力であったが精一杯努力はしたように表現する。その際、「よりよくしようと努力していた結果として悪い結果になってしまった」という方向で語るとうまい言い訳になることが多い。

②転職を考えているので、転職先の状況を尋ねようと、初対面の転職先の社員を紹介してもらって会う約束をしていた。ところが、会社の仕事をしているうちに、約束の時間を忘れてしまった。約束の20分ほど後、携帯に電話がかかってきたが、それで思い出した。電話で言い訳をしたい。

→「**せっかく時間をとっていただいたのに申し訳ありません。同僚が早退してしまってほかにお客様対応できるものがいなくなりまして、つい今しがたまで、電話をする時間も取れませんでした。お許しいただければ、もう一度機会をいただけますでしょうか。今度は、今日のようなことのないように御社の近くのお店で私にご馳走させていただけませんでしょうか**」

解説　馬鹿正直に「忘れてしまった」と言ったら、かえって相手に失礼になってしまう。この課題の場合、転職を考えているという設定なので、もちろん、仕事に対していい加減な姿勢を見せるわけにはいかない。だから、責任を持って仕事をしていたという方向で語るのが好ましい。ただし、単なる言い訳で済まない時、お詫びとして何らかの代償を払うことを示すと、言い訳に説得力が生まれる。ここでは、「私がご馳走する」ということで代償を払おうとしている。

③友だちが録画したテレビの歌番組のDVDを借りた。見

終わった後、返そうとしていたが、どこかに置き忘れたらしくて、見つからない。そろそろ友人になくしたことを報告しなくてはならない。

→**「以前、君から借りたテレビの歌番組を録画したDVDを、見終わった後、大切なものだからと思って、お返しのプレゼントといっしょにどこかにしまい込んでしまい、返そうと思っていくら探しても見つからない。もう一度よく探してみるが、見つからなかったら、本当に申し訳ない」**

解説　「どこかに置き忘れた」では無責任な印象をあたえる。「大切なものだと思ってしまっておいた」という点をしっかりと示す必要がある。しかし、言うまでもないことだが、100パーセントの過失なのでしっかりと謝る必要がある。

④高校時代の同級生だった女性と恋愛関係にあり、しばしばマンションに来てくれている。ところが、その女性の親友と浮気してしまった。告げ口をする人がいて、その関係がばれてしまった。女性に言い訳しなければならない。

→**「だって、このごろ、なかなかうちに来てくれないし、来てもさっさと帰ってしまうじゃないか。君に新しい彼ができたんじゃないかと思って、○○さんに話をしてたら、誘われて、ついのっちゃったんだ」**

解説　とにかく誠意を込めて徹底的に謝るのが先決。ただし、許してもらうには、言い訳の一つのパターンとして、「あなたこそ悪い」「あなたが今回の問題の原因を作った」と主張する方法を使うこともできる。とはいえ、一応ここに解答例を示したが、これですぐに相手が納得してくれるかどうかはわからない。

上手に自慢する

日本では、自慢は悪いこととみなされている。だが、自慢はアピールの一つだ。上手にアピールしてこそ、社会で認められ、積極的に生きていくことができる。その際、大事なのは人を不愉快にさせないで上手に自慢することだ。

上手に自慢するコツが二つある。一つは、情報をまぶすことだ。「このブランド物のブラウス素敵でしょう?」だと自慢だが、「あそこのお店で買うと半額になるのよ」と加えれば、自慢が薄れる。

もう一つは上手に自己卑下を加える形だ。「私はあの甲子園常連校の野球部出身なんです」といえば自慢だが、「でも、公式戦には一度も出してもらえませんでしたけどね」と付け加えれば、自慢でなくなる。

問題

Training 8

次の下手な自慢を
上手な自慢に改めてください。

①私は英語がぺらぺらで、そのうえ顔もきれいなので、海外に留学したとき、外国の人からモテて困った。

②私は仕事がてきぱきしていて、数億の仕事をいとも簡単にまとめる。そのため、同僚たちは私を次期課長候補だと考えている。

③私の古い知り合いの、東大の大学院を出て、ハーバードに留学して、日本に帰ってすぐに○○大の助教授になって、最近、東大の教授になった○○君が、私の妻の遠縁にあたる、慶應を出て、○○商事に入って、その部長まで勤めて、最近、独立して、従業員100人を超す事務所を経営している男と会うことになっているんで、私も、それに付き合おうと思ってるんだよ。

④私はセンスがよいので、みんなからファッションのアドバイスを求められる。先日、沙理さんがせっかく素敵な服を着ていたのに、アクセントが足りなかったので、赤のスカートと合わせるようにアドバイスしたら、みんながそれを気にいって、沙理さんもそれ以来おしゃれということになった。

解答例

Answer

①私は英語がぺらぺらで、そのうえ顔もきれいなので、海外に留学したとき、外国の人からモテて困った。

→**「私は英語の日常会話には不自由しません。顔も親しみやすいのか、海外に留学したとき、外国の人から好意を持たれることがわりとありました。ただ、日本人が珍しいから声をかけられただけだったようで、すぐに飽きられてしまいましたけど」**

→**「私、英語の日常会話くらいは何とかなりますし、日本人としてはいたって普通の顔なのですが、外国の方には魅力的に見えるようで、留学中、生まれて初めてちやほやされました。モテるという自信をもって日本に戻ったのですが、元通りになって現在に至っています」**

解説　「留学中にモテたけれど、そのためにマイナスのことが起こった」というパターンが使いやすい。モテたためにひどい目に遭ったことなどを示すとよい。

②私は仕事がてきぱきしていて、数億の仕事をいとも簡単にまとめる。そのため、同僚たちは私を次期課長候補だと考えている。

→「**私は手際よく仕事を進めて、数億の仕事をまとめることができました。そのため同僚たちは私を次期課長候補に考えてくれているようです。ただ、実を言うと大きな仕事をまとめられたのはたまたま取引先に知り合いがいたためなので、次期課長候補というのは買いかぶりなんです**」

→「**いくつかさっさと仕事をして数億の仕事をまとめたもので、妙に評価が高まって次期課長候補だなんて言われていますが、実は話をまとめるときに、ちょっと強引なことをしちゃいましてね。むしろ、それが問題になりはしないかと戦々恐々としているんです**」

解説　数億の仕事をまとめたことによって起こったトラブルなどを示すと、自己卑下を加えることになってうまく自慢が緩和される。

③私の古い知り合いの、東大の大学院を出て、ハーバードに留学して、日本に帰ってすぐに○○大の助教授になって、最近、東大の教授になった○○君が、私の妻の遠縁にあたる、慶應を出て、○○商事に入って、その部長まで勤めて、最近、独立して、従業員100人を超す事務所を経営してい

る男と会うことになっているんで、私も、それに付き合おうと思ってるんだよ。

→「私の古い知り合いの○○君が、私の妻の遠縁の事務所経営の男と会うことになっているので、私もそれに付き合おうと思っているんです。二人ともエリートなんですよ。私は二人の間で小さくなっているだけですけどね」

→「東大教授の○○君と、私の妻の遠縁の事務所経営をしているやり手の男が顔を合わせるということで、私も同席を頼まれましてね。さて、どんな話を振れば盛り上がるか、頭を抱えているんですよ」

解説　この問題は、いかに自分が有力者と親しくしているかを示すタイプの自慢だが、何らかの自己卑下があるとまったく印象が変わる。

④私はセンスがよいので、みんなからファッションのアドバイスを求められる。先日、沙理さんがせっかく素敵な服を着ていたのに、アクセントが足りなかったので、赤のスカートと合わせるようにアドバイスしたら、みんながそれを気にいって、沙理さんもそれ以来おしゃれということになった。

→「みなさんからセンスがよいと言っていただいて、ファッションのアドバイスを求められることがよくあります。先

日も、沙理さんにアドバイスしてみんなに気にいっていただいたんです。でも、実を言うと、私はよく行く○○町のお店の店員さんに教わった通りにしているだけなんですけど」

→「いつの間にかセンスがよいということになって皆さんにアドバイスを求められることがあるんですけど、先日、沙里さんに赤のアクセントを入れるようにアドバイスしたら、それがたまたま気にいってもらえたみたいです。でも、恵理子先輩にアドバイスした時には、逆にセンスが悪いって機嫌を悪くされましたけど」

解説　自己卑下を加えて、「そのせいでひどい目に遭っている」というパターンもいいが、「こうすればセンスアップできる」「こうすればよい服を上手に入手できる」というタイプの情報を加えるのでもいい。

上手に抗議する

不愉快な目に遭ったとき、時にしっかりと抗議をする必要がある。しなければならない。そうしてこそ、正当な権利を主張できるし、失礼な相手にその行為が好ましくなかったことをわからせることができる。とはいえ、怒りに任せて抗議したのではクレーマーとみなされる。相手の言い分も考えたうえで、効果的に抗議してこそ、正当に代償してもらえる。

うまく抗議するには、正論を語る以外に、①相手が非を認めるほうが得であることを強調する、②非を認めないと損であることを強調する、③相手の信条などを言質にとる、④泣き落とす、⑤脅す、などの方法がある。

問題

Training 9

あなたは次のような状況に陥りました。上手に抗議してください。

①駅前のスーパー「スーパー・ヒグチ」をよく使っているが、今回、ブドウを購入したところ、特に安売りでもなかったのに、パックに隠れた下半分が腐っており、上のほうも実が房からぼろぼろと落ちる状態だった。取り替えてほしいという電話をしたい。

②母の70歳の誕生日のプレゼントとして高価なショールを「樋口百貨店」で注文した。誕生日の2日前に届くことになっていたが、手違いのために届くのが誕生日の翌日になるという連絡があった。特別に誕生日前に届けるようにデパート本部に電話したい。

③私は佐智と付き合い始め、結婚も考え、それを佐智にも伝えている。ところが、私の同僚のTが佐智を強引に誘い、デートしたようだ。Tは容姿もよく感じもいいので、佐智は心を動かされているかもしれない。Tに手を引くようにメールしたい。

④上司の悪口を同僚Kに漏らしたところ、Kが明らかに誰が言ったのかわかる形で、それを社内SNSでつぶやいてしまった。同僚に抗議したい。

解答例

Answer

①駅前のスーパー「スーパー・ヒグチ」をよく使っているが、今回、ブドウを購入したところ、特に安売りでもなかったのに、パックに隠れた下半分が腐っており、上のほうも実が房からぼろぼろと落ちる状態だった。取り替えてほしいという電話をしたい。

A「今日、こちらのお店で買ったブドウですが、パックに隠れた下半分が腐っていて、上のほうも実が房からぼろぼろと落ちてしまいました。いつも利用させてもらって品質管理も信用していましたから、いちいち中身を調べたりしませんでした。従業員さんも、たくさんの商品を扱っているから、たまには悪いものを見落として並べたままにしてしまうことがあるのは仕方がないですね。だから今回は取り替えていただければそれで結構です」

B「スーパー・ヒグチはいつも新鮮でおいしいものが多いので、いつも使わせてもらって信用していたんですよ。フェイスブックでもこれまでお宅で買ったイチゴがおいしかったんでアップしたことがあるんです。それなのに、今日買っ

たブドウはパックに隠れた下半分が腐っていて、上のほうも実が房からぼろぼろと落ちる状態だったんです。いつもチラシで〈新鮮なものをお安く〉って言っているのに、そうでないものが混じっていたなんて、私、ショックですよ」

解説　A・Bいずれも、そのスーパーをひいきにしていたことを強調している。そのうえで、Aは、相手を責めるのでなく、たまたま起こってしまったトラブルとして相手の立場に立って問題点を示して、自分の要求を伝える方法を使っている。Bは、チラシを持ちだして言質を取る形になっている。なお、フェイスブックについて触れているのは、「ブドウの件をフェイスブックに書くぞ」という遠回しの脅しでもある。

②母の70歳の誕生日のプレゼントとして高価なショールを「樋口百貨店」で注文した。誕生日の2日前に届くことになっていたが、手違いのために届くのが誕生日の翌日になるという連絡があった。特別に誕生日前に届けるようにデパート本部に電話したい。

A**「先日、そちらのデパートの○○店で、母の70歳の誕生祝いのプレゼントとして奮発してショールを求め、誕生日の2日前の配達をお願いしました。それなのに先ほど、手違いのために配達が誕生日の翌日になるという連絡を受けてたいへん困惑しています。プレゼントがないと、せっか**

くの誕生日の祝いが台無しになります。何とか当日に間に合うように迅速にお手配くださるようお願いいたします」

B「母は樋口百貨店を60年くらい前からひいきにして、大事なものはすべて購入していたんですよ。今度、母の70歳の誕生日に樋口百貨店の素敵なものがほしいというので、母に写真で選んでもらって注文したんです。念のために誕生日の2日前に届くようにお願いして、本当に間に合うかどうかなんども店員さんに確認したんです。母はこのところ体調が悪いんですけど、ショールをずっと楽しみにしていたんですよ。それなのに届かないなんて、母はどんなに悲しむか」

解説　A・Bともに、相手を責めるのではなく、こちらの困惑を伝えて、そんなに困っているならなんとかしたいと思わせるような言い方を工夫している。泣き落としに近い。Bは少し大げさに示して脅しを加えている。

③私は佐智と付き合い始め、結婚も考え、それを佐智にも伝えている。ところが、私の同僚のTが佐智を強引に誘い、デートしたようだ。Tは容姿もよく感じもいいので、佐智は心を動かされているかもしれない。Tに手を引くようにメールしたい。

A「T君　おまえは知らなかったと思うが、おれは佐智と

結婚を前提に交際している。おまえが佐智を誘ったと聞いて驚いているが、おれと佐智の関係を知っていれば声をかけなかったよな。知らないで誘ったのだから、今回のことは目をつぶる。同僚としておれと佐智の幸せを見守ってくれ」

B「T様　佐智から、貴兄がデートに誘ったことを聞きました。もしかしたらご存じないかもしれないと思い、メールさせてもらいます。

佐智と私はかなり以前より結婚を前提にした交際をしています。私は近日中に正式に結婚を申し込むつもりでいます。それを承知の上で佐智と私の間に割り込むつもりでしょうか。

佐智は私の命です。ずっと片思いでいたのを最近やっと打ち明けて交際に発展したのでした。これから先、もし彼女を失うとなると、私はどのような行動をとるのか見当がつかない思いです。

もし、貴兄が私から佐智を奪うつもりだとしましたら、私としても覚悟があります。

貴兄と私はしばしば行動を共にしてきました。ともに様々な行動をとったのを覚えています。もっとも他人思いで信頼に厚い人間だと信じてきました。そんな貴兄からこのような行動をとられますと、私としましては、何を信じてよいのかわからなくなるほどです。

どうか理性的な対応をとっていただけますようお願いします」

解説　Aは、簡潔に頭ごなしに邪魔をしないように決めつけている。Bは、泣き落とし、脅しなどを交えていっそう本気であることを示している。いずれの方法でも相手に反省を求めることはできる。

④上司の悪口を同僚Kに漏らしたところ、Kが明らかに誰が言ったのかわかる形で、それを社内SNSでつぶやいてしまった。同僚に抗議したい。

A「K君　おまえの書き込みは、社内の人間ならおれの発言だとすぐにわかる。他人の発言を勝手に書きこんで拡散させれば、それは犯罪だ。おまえも常識ある社会人なら、すぐに削除し、今後このようなことがないように認識をあらためてくれ」

B「K様　SNSを見ました。わが目を疑いました。
あそこに出てくるM君というのは私のことですね。あの書き方ですと、だれが読んでも私のこととわかります。私は一人で課長の悪口を言ったように書かれていますね。
私は君を信用して課長の話をしたのでした。それなのに、その時は私に同意していたのに、後になって私一人のせいにして投稿ですか。

君がそんな人だとは知りませんでした。私を陥れようとしたのでしょうか。それとも、軽率に書いてしまったのでしょうか。私には判断できません。いずれにしましても、これはすておけないことです。
すぐにSNSに訂正を出してください。そして、私に迷惑をかけたことをそこで詫びてください。もし、貴君がそれをしないのでしたら、私にも覚悟があります。私はSNSに投稿するだけでなく、直接行動に出るつもりです。どのような直接行動かはまだわかりませんが、泣き寝入りするつもりのないことはお伝えしておきます」

解説　Aは簡潔に、相手の過失を追及し、こちらの要求を明確に示している。Bは泣き落とし、脅しなどを加えていっそう相手を怖がらせる工夫をしている。

上手に感謝の気持ちを伝える

感謝の気持ちを伝えるとき、うまく伝えないと、せっかくの心が伝わらない。また、相手がしてくれた行為がむしろありがた迷惑なこともある。そんなときには、感謝の気持ちを伝えながらも、迷惑だということをわかってもらえるにこしたことはない。

なお、素直に感謝の気持ちを伝えたい時には、どれほどそれに感謝しているのかを示す具体的なエピソードを加えるのがうまい方法だ。迷惑だと付け加えたい時には、そのためにどのような結果になっているのかを遠回しに伝えるとよい。

問題

Training 10

あなたは次のようなことをしてもらいました。
上手に感謝の気持ちを伝えてください。

①送っていただいたプリンがとてもおいしかった。できれば、また送ってほしい。

②先輩が口を利いてくれたために、希望している会社から内定をもらった。感謝の気持ちを伝えたい。

③「就職に困っているんならいつでも言ってくれ」と先輩に言われたので、お願いしたが、先輩はそれほど顔の広い人ではないので、持ってくる話はすべて可能性が低かったり、あまりに条件が悪かったりする。何度か言われるままに行動したが、時間と労力の無駄だった。振り回されるのはつらいので、遠回しに断りたい。

④お中元に地方の友人から高価な佃煮セットが送られてくる。それが3年続いている。我が家には佃煮が好きな人がいないため、もらってもそのままになっている。佃煮を送らないでほしい、送ってもらえるのならほかのものにしてほしいと伝えたい。

解答例

Answer

①送っていただいたプリンがとてもおいしかった。できれば、また送ってほしい。

A「プリン、ありがとうございます。とてもおいしかった！本来のプリンの味がしますね。これがプリンの味なのか！と改めて思いました。娘が特に気にいって、今度近くに行ったらその店から同じものを買ってきてくれとせがまれています」

B「プリンを、送っていただいてありがとうございました。なめらかな口どけなのに卵の味は濃厚で、カラメルとのバランスも絶妙です。私も家族もプリンが大好きで、評判のプリンをけっこう食べていますが、今までに食べたことがない感動的なおいしさでした。もう一度食べたくて調べましたが、お取り寄せの扱いはしていないということなので、また送っていただけますか。楽しみにしています」

解説　A・Bともに具体的な感想を述べることで、感謝の気持ちを素直に伝えている。Aは送ってくれるように依頼しないで

仄めかすだけにとどめているが、Bのように自分で入手する努力をしたことを伝えれば、ねだってもずうずうしくない。どちらの方法もある。

②先輩が口を利いてくれたために、希望している会社から内定をもらった。感謝の気持ちを伝えたい。

A「このたびは、私の就職にあたり格別のご力添えいただきありがとうございました。おかげさまで本日、内定の通知をいただくことができました。希望どおりの会社への就職が叶ってうれしさで一杯です。これもひとえに先輩のお口添えのおかげです。このうえは、先輩のお名前を汚さぬよう精進してまいりますので、今後ともご指導ご鞭撻の程よろしくお願い申し上げます」

B「ありがとうございます。内定、もらえました。すべて先輩のおかげです。先輩が口を利いてくれたおかげで課長さんとじっくり話をすることができ、私のこれまでの活動をしっかりと聞いてくれ、高く評価してくれました。履歴書だけでは、課長さんは私の話など真剣に聞いてくれなかったと思います。本当に先輩のおかげです。近いうちに一度、正式に挨拶に伺わせてください」

解説　Aは少々公式めいた報告メール。多少堅苦しい文章だが、感謝と今後の決意をきちんと述べていて好感が持たれるだろう。

Bはもっと直接的に喜びを伝える文章。相手との距離次第でどちらの文章も用いることができる。

③「就職に困っているんならいつでも言ってくれ」と先輩に言われたので、お願いしたが、先輩はそれほど顔の広い人ではないので、持ってくる話はすべて可能性が低かったり、あまりに条件が悪かったりする。何度か言われるままに行動したが、時間と労力の無駄だった。振り回されるのはつらいので、遠回しに断りたい。
A「これまでご苦労をおかけしてどのように感謝してよいのかわからないくらいです。せっかく紹介してくださったのに、私には手の届かないものであったり、私がわがままを言ったりして決めることができず、大変心苦しく思っています。これ以上ご迷惑をおかけしても、この繰り返しになるばかりに思えます。ここはいったん、私自身で仕事を探してみようと思います。これまで先輩に頼ってきた自分の甘さを痛感しました。頼っている限り、いつまでも自分に適した仕事は見つからないと思います。決意を新たに仕事を探そうと考えています」
B「私の就職にあたってご尽力いただきありがとうございました。先輩からお話をいただいて、自分なりに時間と労力をかけ最善を尽くしましたが採用に至らなかったことで少々行き詰まっています。ここで一度頭を冷やして、自分

の適性を分析したうえで適職を探し、今までとは違う方法で就職活動をしてみようと考えております。また先輩のお力をお借りすることがあるかと思いますがその際はよろしくお願いいたします」

解説　A・Bともに、これまでのやり方に疑問を呈している。Aは「頼ってきたことが間違いだったので、自分で活動する」、Bは「先輩の話がうまくいかなかったことで傷ついた」という方向で説明している。Bのように、最後に「またお願いすることがあるかもしれない」という含みを残すのもうまい方法だ。

④お中元に地方の友人から高価な佃煮セットが送られてくる。それが3年続いている。我が家には佃煮が好きな人がいないため、もらってもそのままになっている。佃煮を送らないでほしい、送ってもらえるのならほかのものにしてほしいと伝えたい。

A「結構なものをお送りいただき、ありがとうございます。友人に佃煮好きがおりまして、前回いただいたものも、彼がとても喜んでくれました。ですが、どうかお気遣いのないようにお願いいたします」

B「毎年、お送りいただく佃煮セットを楽しみにしていましたが、最近主人の血圧がやや高めで、医者に塩分を控えるように言われてしまいました。主人はおいしい佃煮があ

るとつい食べてしまうし、隠れて私だけ食べるわけにもいかないので、あきらめます。おいしいものをたくさん知っていらっしゃるから佃煮以外のおいしいものを送っていただけたらうれしいです」

解説　Aはかなり直接的に、それとなく自分では食べないことを示している。それに対して、Bは相手の気分を害さないように、「血圧がやや高め」程度の軽い嘘で納得させて、別の物を依頼している。相手との関係でどちらかの方法を取るといいだろう。

嫌味に対して言いかえす

　嫌味を言われて悔しい思いをした人は多いだろう。しかし、嫌味に対しても泣き寝入りするべきではない。言われたら、言いかえすのが望ましい。そうしないと、いつまでも嫌味を言われ続け、いじめのターゲットになってしまう。

　とはいえ、世間に対する軽妙な皮肉ならともかく、他者に対する嫌味を言って良いことは何もない。人間関係を悪くするだけだ。したがって、ここでは上手な嫌味の言い方は取り上げない。嫌味を言われた時の上手な対応について練習することにする。

問題

Training 11

あなたは次のような嫌味を言われました。
その場でどう言いかえしたらよいでしょう。

①仕事上の大失敗をしてしょげていたら、「さすが大学出は違うね。そつなく何だってできるんだ」と、ふだんから対立しているたたき上げの先輩に言われた。

②私は新卒のOL。社内で人気のある男性社員に話しかけられて相手をしていたら、お局《つぼね》と呼ばれる年上の女性社員から、「さすが手が早いわね。もうねらってるんだ」と言われた。

③パーティの幹事を押し付けられてあれこれ手配していたら、先輩に「お前にだってこのくらいのことはできるんだな」と言われた。

④妻の母に「せめて服装だけでも、美樹とつりあうように考えてちょうだいね」と言われた。

解答例

Answer

①仕事上の大失敗をしてしょげていたら、「さすが大学出は違うね。そつなく何だってできるんだ」と、ふだんから対立しているたたき上げの先輩に言われた。

→「はい、大学を出ていないみなさんにはかないません」

→「私は何でもできると思われてるみたいですね」

→「えっ、まさか先輩は、大学を出ただけでそつなく仕事ができるなんて思っていらっしゃいませんよね」

②私は新卒のOL。社内で人気のある男性社員に話しかけられて相手をしていたら、お局と呼ばれる年上の女性社員から、「さすが手が早いわね。もうねらってるんだ」と言われた。

→「そうなんです。ねらっていたんです。わかりました?」

→「あなたほどではないと思いますけど」

→「えっ、みなさんねらっていらっしゃったんですか。私はまったく意識しないでお話ししていました」

→「そうおっしゃるんなら、これからねらいましょうか」

③パーティの幹事を押し付けられてあれこれ手配していたら、先輩に「お前にだってこのくらいのことはできるんだな」と言われた。

→「ありがとうございます。先輩にできるんだと言っていただいて安心しました」

→「はい、私だってこのくらいのことはできるんです」

→「おほめいただいて、うれしいです」

→「いえ、あなたほど得意ではなさそうです」

→「えっ、ちゃんとできてます？　そりゃよかった。できていないかと思ってました」

④妻の母に「せめて服装だけでも、美樹とつりあうように考えてちょうだいね」と言われた。

→「そうですか。それではせめて服装だけでも、つりあうように美樹とよく相談します」

→「そうですか、お母さんよりはつりあっていると思いますけどね」

→「え、つりあっていませんか？　みんな、つりあっていると言ってくれますよ」

「美樹が僕とつりあうようにしてくれるといいんですけどね」

解説　常に使える嫌味への対処法として、3つのパターンがある。

一つは、素直に相手の嫌味を受け入れて、「はい、その通りです」というタイプの切り返しだ。「ばっかじゃないの!」と言われたら、「はい、ばっかなんです」という。なるべく明るく言いかえすと、それだけで嫌味のお返しになる。二つ目の方法は、「いえ、あなたほどでは」「いえ、あなたこそ」と言いかえす方法だ。これもほとんどの場合有効な嫌味反撃になる。三つ目の方法は大げさに驚いて見せる方法だ。「えっ、そうなんですか。知りませんでした」とシラッと口にする。

なお、そのほかに「嫌味がお上手ですね」と応じることもできる。これももちろん、どのような嫌味にも使うことができる。

第2章

いくつもの文体を使いこなす

当然のことながら、人間は、どこに行くのか、何をするのかによって服装を変える。フォーマルな服を着る場合もあれば、カジュアルな場合も、スポーティな場合もある。場違いな服装をしたのでは常識を疑われてしまう。

言葉遣いにも同じことが言える。時と場合、そして相手によって、人は言葉遣いを変える。格調高い文章、くだけた文章、親密な文章などを使いこなしてこその社会人だといえる。

ところが、それをうまく使いこなせない人が多い。一つのタイプの表現しかできない人がいる。そのため相手に誤解を与えたり、心を通い合わせられなかったりする。

しかも、様々な言葉遣いができるようになるということは、様々な考え方、様々な立場を理解できるようになるということでもある。それまでの自分の言葉遣い、自分の考え方が狭苦しい一方的なものだったことに気づくことにもつながるだろう。

本章においては、様々な言葉遣いを身につけるための練習を行う。

格調高い文体に改める

日常の中で口頭で話をするときのような表現をそのまま口にしたり書いたりしたのでは、あまり知的とは思えない言葉遣いになってしまう。仲間うちに発信するのならそれでもよいが、未知の人、不特定の人に対する場合や公式の場での発信の場合、それではしっかりした言葉とみなされない。

ここでは、新聞や雑誌のような文体を身につけ、場合によっては「よそ行き」の文章を書くための練習を行う。

問題

Training 12

次の文を、ほぼ同じ内容のことを語る
格調高い文に改めてください。

①いつも29日を過ぎて30日か31日まで、
こづかいが残り少なくなるので、
もっとお金が残るようにしたいと思う。

②友だちのTさんは、いつもほかの人と
違う自分らしい服装をしている。

③学校が終わった後に、
公園を通って家に帰った。

④なぜその事件が起こったのかを知りたい。

⑤子どもたちの勉強する力が
落ちていることが問題になっている。

解答例

Answer

①いつも29日を過ぎて30日か31日まで、こづかいが残り少なくなるので、もっとお金が残るようにしたいと思う。

→**「つねに月末には、こづかいがわずかになるので、節約したいと思う」**

→**「月末には自由になる金銭が不足するので、節約を心がけたい」**

→**「計画的にこづかいを使って、月末に不足することがないようにしたい」**

→**「月末にこづかいが不足するような、無計画なお金の使い方は避けたい」**

②友だちのTさんは、いつもほかの人と違う自分らしい服装をしている。

→**「友人のTさんは、常に個性的な服装をしている」**

→**「友人のTさんは、服装にこだわりを持っている」**

→**「友人のTさんの服のセンスは、独創的で個性にあふれている」**

③学校が終わった後に、公園を通って家に帰った。

→**「放課後、公園を経由して帰宅した」**

→**「その日私は、公園経由で下校した」**

④なぜその事件が起こったのかを知りたい。

→**「その事件の原因を知りたい」**

→**「その事件は、原因解明が求められる」**

⑤子どもたちの勉強する力が落ちていることが問題になっている。

→**「子どもたちの学力低下が問題視されている」**

→**「子どもの学力低下が話題になっている」**

→**「問題点は、子どもたちの学習意欲と学習能力の低下である」**

問題

Training 13

次の文章の全体を格調高い文体に改めてください

①お金に余裕のある人と余裕のない人の違いがだんだんと大きくなっていくと、余裕のない人たちが世の中に不満を抱いて、盗みを働いたり、強盗を行ったり、詐欺に手を出したりして、犯罪とは関係なくまじめに毎日を暮らしている人たちがこれまでのように安心して暮らしていけなくなることも考えられなくもない。そうした状況を少しでもよくするためには、まずは失敗した人を救い出すような制度をきちんと作ることだろう。また、お金持ちが貧しい人を踏みつけにしてますますお金を集めていくことがないように何らかの手を打つ必要があると思う。

②他人が何かをしようとしているときに、いちいち口を出して、それはダメ、あれはダメと言うような人がいる。そのような人がたくさんいるのは面倒くさくてうんざりすることなのだが、今はそのような人たちが世の中にあまりいなくなってしまったために、みんながほかの人がしていることをそのままにして何も言わないでいってしまって、そのために人と人が交流し合って何かをするということがなくなっているようだ。人が何かをしているときに叱ったり口出ししたりする人もまた大事だということが、このごろ痛感させられるのである。

解答例

Answer

①お金に余裕のある人と余裕のない人の違いがだんだんと大きくなっていくと、余裕のない人たちが世の中に不満を抱いて、盗みを働いたり、強盗を行ったり、詐欺に手を出したりして、犯罪とは関係なくまじめに毎日を暮らしている人たちがこれまでのように安心して暮らしていけなくなることも考えられなくもない。そうした状況を少しでもよくするためには、まずは失敗した人を救い出すような制度をきちんと作ることだろう。また、お金持ちが貧しい人を踏みつけにしてますますお金を集めていくことがないように何らかの手を打つ必要があると思う。

A**「経済格差が徐々に拡大して、貧困者が社会に不満を抱いて犯罪に手を染め、一般市民が安心した生活を保障されなくなる恐れがある。それを改善するには、セーフティネットを整備する必要がある。また、富裕層が貧困層を踏みつけにして富を集中させないための方策を立てるべきである」**

B**「所得格差が大きくなっていくと、経済的弱者の一部は**

社会に不満を抱き、窃盗や強盗、詐欺などの犯罪にはしり、治安が悪化する。そうした状況を改善するためには、競争に敗れた人を救済する仕組みを整える必要がある。また、一部の既得権層だけが利益を得るような格差の固定化を防止し格差を是正する対策の必要がある。」

②他人が何かをしようとしているときに、いちいち口を出して、それはダメ、あれはダメというような人がいる。そのような人がたくさんいるのは面倒くさくてうんざりすることなのだが、今はそのような人たちが世の中にあまりいなくなってしまったために、みんながほかの人がしていることをそのままにして何も言わないでいってしまって、そのために人と人が交流し合って何かをするということがなくなっているようだ。人が何かをしているときに叱ったり口出ししたりする人もまた大事だということが、このごろ痛感させられるのである。

A「他人の行動に介入する人がいる。そのタイプの人があまりに多いのは困りものだが、現在では少数になってしまった。そのために他人に無関心になり、他者とのコミュニケーションが減っている。他人の行動に介入する人も大事だと私は痛感させられている」

B「他人の行動に干渉する人がいる。そのような人が世の中に大勢いるのは望ましくないが、今は、そのような人た

ちが減少したために、社会全体が周囲に無関心で不干渉になってしまった。他人に対して叱ったり干渉したりする人もまた大事だということが、このごろ痛感させられるのである」

やさしい表現に改める

　難解な文体の文章も少なくない。専門書、文学書などには難解な表現が多用されることが多い。それらの文章を読みこなすとき、おそらく多くの人が頭の中でやさしい文章に言いなおしているだろう。そうすることによって、読解力を高めることができ、多くの表現が身について難解な文章を含めて様々な文章を使いこなせるようになる。

　ここでは、前の問題とは逆に、難解な文体を日常的な文体に改めてもらう。

問題

Training 14

次の文章を同じような意味の
やさしい文章に改めてください。

①心ここにあらずといった表情で、
彼は家路を急いだ。

②政治混乱の持続が原因で、
経済が末期的症状を呈した。

③事態が鎮静化するのを待つことなく、
政府は事件の収拾を急いだ。

④古今の数ある理論や学問のなかで、
数学と呼ばれる学問が特別の位置を
占めたのは、なにゆえであろうか。

⑤マルクス主義において、
理論の構築に関して、多義的な曖昧さを
いかばかりも含んでいないということは
自明である。

解答例

Answer

①心ここにあらずといった表情で、彼は家路を急いだ。

→「**彼はぼんやりとしながら急いで家に帰った**」

→「**彼は上の空で、家まで急いだ**」

→「**何か気にかかることがあって落ち着かない様子で、彼は急いで自宅に帰っていった**」

②政治混乱の持続が原因で、経済が末期的症状を呈した。

→「**政治の混乱がつづくために、経済の状態がひどいことになった**」

→「**政治のトラブルがずっと起こるために、経済が最悪になった**」

→「**政治の混乱が続いているために、経済が行き詰まってしまいどうしようもない**」

③事態が鎮静化するのを待つことなく、政府は事件の収拾を急いだ。

→「**元通り平和になっていないのに、政府は事件を終わっ**

たことにしようとした」
→「まだ元通りではないのに、政府は急いで事件を終わらせようとした」
→「事態が落ち着くのを待たないで、政府は何とか事件を処理して制しようとした」

④古今の数ある理論や学問のなかで、数学と呼ばれる学問が特別の位置を占めたのは、なにゆえであろうか。
→「昔から現在までのたくさんの理論や学問のなかで、数学と呼ばれる学問が特別の位置を占めたのは、どのような理由があったからなのだろう」
→「昔からたくさんある理論や学問のなかで、数学が特別大事だと思われているのはなぜだろう」
→「数学は昔からある学問だが、これが一番大事だと思われているのはなぜか」

⑤マルクス主義において、理論の構築に関して、多義的な曖昧さをいかばかりも含んでいないということは自明である。
→「マルクス主義の理論の組み立てには、いろいろな意味にとれるような曖昧なところは少しもないのは明らかだ」
→「マルクス主義において、理論の組み立てに関して、様々に解釈できるような曖昧さを少しも含んでいないということはわかりきったことである」

問題

Training 15

次の文はわかりにくい表現が使われています。
わかりやすい文に改めてください。

①かつては、ストレスが原因で、身体が変調をきたしても、ストレスの原因そのものを解決するのではなく、身体に変調をきたした個人が、自ら身体の具合を直す手段を求める傾向が強かった。その必然的結果として、社会全体が、体調悪化の責任を当人に帰し、それを最大の根拠として地位や報酬などの変更を余儀なくされることさえもあった。

②同一信条が同一集団のアイデンティティを決定づける唯一絶対の要因だとの断定は安易である。偶発性に基づく同一信条集団の亀裂の報告は世界の歴史において枚挙にいとまがない。一件の私的事情による悶着が家庭や近隣の対立へと拡大し、それが亀裂として認識され固定化するというのが、その偶発性の一例である。

解答例

Answer

①かつては、ストレスが原因で、身体が変調をきたしても、ストレスの原因そのものを解決するのではなく、身体に変調をきたした個人が、自ら身体の具合を直す手段を求める傾向が強かった。その必然的結果として、社会全体が、体調悪化の責任を当人に帰し、それを最大の根拠として地位や報酬などの変更を余儀なくされることさえもあった。

→**「以前はストレスが原因で体の調子が悪くなっても、その原因をなくそうとするのではなくて、自分の身体のほうを何とかよくしようとすることが多かった。そのため、身体の調子が悪くなったのはその人のせいだとされ、それが主な原因で地位や報酬を下げられることもあった」**

②同一信条が同一集団のアイデンティティを決定づける唯一絶対の要因だとの断定は安易である。偶発性に基づく同一信条集団の亀裂の報告は世界の歴史において枚挙にいとまがない。一件の私的事情による悶着が家庭や近隣の対立へと拡大し、それが亀裂として認識され固定化するという

のが、その偶発性の一例である。

→「同じ考えを持っている人が仲間意識を持つためのたった一つの理由だと決めつけることはできない。偶然何かが起こって、同じ考えを持っている人同士で争いを行うことは歴史の上では何度もあった。その偶然というのは、ひとつの私的なけんかが家庭や近所の対立になって、それが溝になっていつまでも続くというようなことだ」

政治経済用語をわかりやすくする

多くの人が勤め先で日常的に出会うのが政治経済、ビジネスに関する用語だろう。もちろん自分で理解していないビジネス用語をひけらかすのは論外だが、それらをしっかりと理解できるのが好ましい。そして、理解できるからには、それを日常的な言葉に置き換えることができるはずだ。ここでは、基本的な政治経済用語を日常語に変換する練習を行う。

問題

Training 16

次の文章を誰にでもわかるような
平易な文章に改めてください。

①低所得者の雇用拡大に向けた施策を抜本的に見直して、より柔軟な技能訓練の場を創設し、分配の均等が実現されるべく努力する必要がある。

②現在、グローバル化の負の影響を受けて、フレキシブルな思考が支持を失っている。

③米国の経済政策の副作用でコストが上昇しているが、可能な限りコストカットし、リソースを最大限に活用して、経営ノウハウを高めるべきだ。

④今回のタスクを達成して、それをデータにすれば、当該タイプのプロジェクトではBtoCよりもBtoBを考えるほうがシナジー効果があることのエビデンスになる。

解答例

Answer

①低所得者の雇用拡大に向けた施策を抜本的に見直して、より柔軟な技能訓練の場を創設し、分配の均等が実現されるべく努力する必要がある。

→「**低所得者の雇用拡大に向けた政策を思い切って見直して、より状況に応じて技能訓練が受けられる環境を作り出して、所得が公平に分配されるように努力する必要がある**」

→「**低所得者が仕事先を見つけられるような方法をもともとから見直して、もっと気楽にできるような技能の練習をする場所を作って、収入に差がつかないようにするために努力するべきだ**」

②現在、グローバル化の負の影響を受けて、フレキシブルな思考が支持を失っている。

→「**現在、グローバル化のマイナスの影響を受けて、目まぐるしく変化するグローバルな世界に対応できる柔軟な思考が以前のように高く評価されなくなっている**」

→「**現在、グローバル化の影響のなかのマイナス面のため**

に、余裕を持って考えることをよいことと思わない人が増えている」
→「グローバル化したことの欠点のために、凝り固まった考えをする人が増えている」

③米国の経済政策の副作用でコストが上昇しているが、可能な限りコストカットし、リソースを最大限に活用して、経営ノウハウを高めるべきだ。
→「米国の経済政策の反動で費用が上昇しているが、可能な限り無駄な費用を削り、資産を最大限に活用して、経営手法を高めるべきだ」
→「米国の経済政策の影響の悪い面として経費がかかるようになっているが、できるだけ経費を減らして、使えるものをできるだけ使って、経営をうまくするべきだ」

④今回のタスクを達成して、それをデータにすれば、当該タイプのプロジェクトではBtoCよりもBtoBを考えるほうがシナジー効果があることのエビデンスになる。
→「今回の課題を達成して、それをデータにすれば、このタイプの事業計画では消費者を相手にしたサービスよりも企業間取引を考えるほうが相乗効果があることの裏付けになる」
→「今回の仕事をやりおえて、それをデータにすれば、こ

のような企画では、消費者に売るよりも別の企業に売ることを考えるほうが相互効果があることを示せる」

（「BtoB」はBusiness to Businessの略「BtoC」はBusiness to Consumerの略）

丁寧な言葉遣いをする

　お店などで、客の気分を害さないような丁寧な表現が用いられることがある。「……してください」とは表現せず、「してくださいますようお願い申し上げます」などと表現する。そうすることで、客に対して指示をしているのではなく、お願いしている形を取るわけだ。ここではこのタイプの決まり文句を使いこなすための練習をする。

問題

Training 17

次の文はいずれも本音を語っていますが、
それではあまりにぶしつけです。
角が立たない文体に改めてください。

①この場所で泥棒などの被害にあったとしても、私たちの責任ではないことをわかってほしい。

②演奏中は他人の迷惑にならないように静かにしてください。

③通行の邪魔になるので、通路にものを置かないでください。

④いつまでもそんなことをするんだったら、裁判所に訴えるぞ。

解答例

Answer

①この場所で泥棒などの被害にあったとしても、私たちの責任ではないことをわかってほしい。

→「万一のことがおありの場合、私どもでは補償しかねますこと、十分にご承知おきくださいますようお願いいたします」

→「この場所におきまして何らかの被害におあいになりましても、私どもとしましては責任を持ちかねます。ご自身でお気をつけになりますようお願い申し上げます」

②演奏中は他人の迷惑にならないように静かにしてください。

→「演奏中は、周りの迷惑になりませんように十分にご配慮いただけますようお願いいたします」

→「演奏中、もの音をたてますと、思いのほか大きく響くことがございます。周囲の方のさまたげになりませぬよう、十分にご配慮の上ご鑑賞なさるようにお願い申し上げます」

③通行の邪魔になるので、通路にものを置かないでください。
→「**通行の妨げになる場合がございますので、通路にものをお置きになることはご遠慮ください**」
→「**多くの方のスムーズな通行のために、通路にものを放置なさいませんようにお願い申し上げます**」

④いつまでもそんなことをするんだったら、裁判所に訴えるぞ。
→「**そのような態度を改めにならないようでしたら、法的手段も考えさせていただきます**」
→「**改善のご様子が見られないようでしたら、私どもとしましても法的な手段をとらざるを得ないと考えております**」

第 3 章

語彙を増やそう

最近の若者は語彙が少ないといわれている。あらゆることに対して、「すげえ」「やべえ」「大丈夫」で済ます若者もいるようだ。語彙力があれば、もっと詳しく説明ができる。語彙力がないということは、自分の考えを言葉にできない、正確に人に思いを伝えられないということになる。

しかも、語彙を増やすことによって様々な考え方を知ることにつながる。言葉にはそれぞれの意味がある。新しい言葉を知ることによって新しい考え方、新しい世の中の見方を知ることになる。日本語を豊かにすることが考え方、生き方を豊かにすることにつながる。

とはいえ、語彙を増やすために辞書を覚えても、あまり意味がない。それでは実際に使える語彙は増えない。それよりはどしどし使ってみることだ。

本章では実際に言葉を使ってみることによって語彙を増やす練習をする。

別の表現で言い換える

同じ意味でも様々な表現がある。漢語もあれば和語もある。カタカナ語もある。くだいた表現もあれば、抽象的にまとめた表現もある。それによって文章の雰囲気が変わり、ニュアンスが変わる。それを上手に使い分けることによって、状況に応じた文章を書くことができる。

まずは、漢語交じりの言葉に言い換える練習をする。

問題

Training 18

（　　）内を埋めて、
同じような意味の文にしてください。

①この工具をどうやって使えばよいのかわからない。

→この工具の（　　　）がわからない。

②総理は、「それは誤解だ」とはっきりと言った。

→総理は、「それは誤解だ」と（　　　）した。

③あれこれのことを合わせて考えると、それは間違いだ。

→それらを（　　　）して考えると、それは間違いだ。

④古い建物をこわして、そこに広場を作って、昭和の様子を当時のままに伝える街並みを作った。

→古い建物を（　　　）して広場を作り、昭和の街並みを（　　　）した。

解答例

Answer

①この工具をどうやって使えばよいのかわからない。

→この工具の（用法／取り扱い方法）がわからない。

②総理は、「それは誤解だ」とはっきりと言った。

→総理は、「それは誤解だ」と（断言／言明／明言／声明／公言）した。

③あれこれのことを合わせて考えると、それは間違いだ。

→それらを（総合／整理統合）して考えると、それは間違いだ。

④古い建物をこわして、そこに広場を作って、昭和の様子を当時のままに伝える街並みを作った。

→古い建物を（解体／取り壊／廃棄／取り崩）して広場を作り、昭和の街並みを（建設／再構築／再現／再興／再築）した。

問題

Training 19

漢語、カタカナ語、和語の
いずれかを用いて言い換えてください。

①初めのうちは全社挙げて
そのプロジェクトに取り組んでいたが、
今ではその意欲はだんだんと薄れていった。

→意欲は（　　　　）した。

②その問題について絞り込んでみると、
なかなか興味深いことがわかる。

→その問題に（　　　　）する。

③そんなにゆっくりしていないで、
仕事をもっと急いで行う必要がある。

→仕事を（　　　　）する。

④修羅場で自分の力を発揮するには、
自分の心が乱れないようにする必要がある。

→自分の心を（　　　　）する。

解答例

Answer

①初めのうちは全社挙げてそのプロジェクトに取り組んでいたが、今ではその意欲はだんだんと薄れていった。

→意欲は（希薄化／減退／フェードアウト）した。

②その問題について絞り込んでみると、なかなか興味深いことがわかる。

→その問題に（着目／注目／クローズアップ／ズームイン）する。

③そんなにゆっくりしていないで、仕事をもっと急いで行う必要がある。

→仕事を（加速化する／スピードアップ）する。

④修羅場で自分の力を発揮するには、自分の心が乱れないようにする必要がある。

→自分の心を（制御／加減／コントロール）する。

問題

Training 20

次の下線部と同じ意味になるように
（　　）内を漢字の熟語で埋めてください。
なお、これは問題18・19よりも難しい問題です。

①今の力をそのままにしておくのは難しい。

→今の力を（　　　）するのは難しい。

②A課長の派閥も何でもかんでも反対ではなく、
状況に応じて考えるべきだ。

→A課長の派閥も反対（　　　　）ではなく、
状況に応じて考えるべきだ。

③その会社が本当のところはどうなのかを
しっかりと観察したい。

→その会社の（　　　）をしっかりと観察したい。

④自分をほかの人と比べて
外から見てみることも大事だ。

→自分を（　　　）することも大事だ。

解答例

Answer

①今の力をそのままにしておくのは難しい。

→今の力を（保持/維持）するのは難しい。

②A課長の派閥も何でもかんでも反対ではなく、状況に応じて考えるべきだ。

→A課長の派閥も反対（一辺倒）ではなく、状況に応じて考えるべきだ。

③その会社が本当のところはどうなのかをしっかりと観察したい。

→その会社の（実情）をしっかりと観察したい。

④自分をほかの人と比べて外から見てみることも大事だ。

→自分を（相対化/客観視）することも大事だ。

抽象化する

文章を書くという作業は具体化と抽象化の繰り返しにほかならない。そして、抽象化するとき、語彙力がものをいう。そこでうまくまとめることによって、的確に抽象化することができる。語彙力がないと、まとめがうまく伝わらなくなってしまう。今回は、文章で示された内容を一言で抽象的にまとめる練習をする。様々な見方で抽象化していただきたい。

問題

Training 21

次の「　　　」の中に、前に示した例を
まとめて示すような言葉を示してください。

①Aさんと奥さんはいつも一緒に出掛け、手を取り合って歩き、幸せそうに話をしている。つまり二人は「　　　」。

②会社であったことを話そうとすると、妻は「今、テレビでいいところをやってるんだから、後にして」という。妻が私の話を聞きとれないと、「あなた、滑舌が悪いね」という。妻の話を私が聞き取れないと、「あなた耳が悪いんじゃないの」という。つまり妻は「　　　」。

③夫は、テレビを見ていてサスペンスドラマが始まったばかりなのに、「こいつが犯人に決まってる」といってテレビを消そうとする。ニュースを見ていても、「わかりきっている」といってテレビを消す。仕事でも「わかった、わかった、もういい」というのが口癖らしい。だが、その実、サスペンスドラマの犯人は当たらないし、ニュースについても予測は間違っている。つまり夫は「　　　」。

④うちの息子は小学生だが、スーパーに行くとすぐに店員さんに話しかけて仲良しになり、試供品やサービス品をもらう。学校でもよそのクラスにまで出かけて、多くの人と仲良しになっていた。つまり、息子は「　　　」。

解答例

Answer

①Aさんと奥さんはいつも一緒に出掛け、手を取り合って歩き、幸せそうに話をしている。つまり二人は「**仲睦まじい／オシドリ夫婦だ／仲良しだ／仲がよい／いつまでも新婚気分だ**」。

②会社であったことを話そうとすると、妻は「今、テレビでいいところをやってるんだから、後にして」という。妻が私の話を聞きとれないと、「あなた、滑舌が悪いね」という。妻の話を私が聞き取れないと、「あなた耳が悪いんじゃないの」という。つまり妻は「**わがままだ／「私」をバカにしている／自己本位だ**」。

③夫は、テレビを見ていてサスペンスドラマが始まったばかりなのに、「こいつが犯人に決まってる」といってテレビを消そうとする。ニュースを見ていても、「わかりきっている」といってテレビを消す。仕事でも「わかった、わかった、もういい」というのが口癖らしい。だが、その実、

サスペンスドラマの犯人は当たらないし、ニュースについても予測は間違っている。つまり夫は「**早とちりだ／単純だ／せっかちだ**」。

④うちの息子は小学生だが、スーパーに行くとすぐに店員さんに話しかけて仲良しになり、試供品やサービス品をもらう。学校でもよそのクラスにまで出かけて、多くの人と仲良しになっていた。つまり、息子は「**社交性がある／コミュニケーション力がある**」。

ありふれた言葉ではなく、もっとふさわしい言葉をさがす

日本語は豊かだ。ふつうに「見る」という言葉であっても、場合により、「観る」「観察する」「鑑賞する」「凝視する」「注視する」「ながめる」などの表現を用いることができる。そうすることでニュアンスを伝えることができる。ここではそのための練習をする。たとえば、①の問題の場合、「言った」という言葉も、この状況の場合、ほかにも様々な表現が用いられるだろう。それを考えていただきたい。

問題

Training 22

下線部を別の言葉に改めてください。

①それは事実なんですかと
私は山下さんに言った。

②友人に、いっしょに倒れるまで飲み歩こうと
誘われたけれど、私はいやだと言った。

③こいつと付き合うとろくなことはないなあ……
と心の中で言った。

④ご迷惑をおかけするかもしれませんが、
明日、私はパリに行きます。

⑤ボルトの走りをテレビで見て、
すごいと思った。

解答例

Answer

①それは事実なんですかと私は山下さんに言った。

→尋ねた／きいた／問いかけた／質問した／確かめた

②友人に、いっしょに倒れるまで飲み歩こうと誘われたけれど、私はいやだと言った。

→拒否した／拒んだ／断った

③こいつと付き合うとろくなことはないなあ……と心の中で言った。

→思った／つぶやいた／ひとりごちた／考えた／感じた

④ご迷惑をおかけするかもしれませんが、明日、私はパリに行きます。

→出発します／赴きます／出かけます／向かいます

⑤ボルトの走りをテレビで見て、すごいと思った。

→感嘆した／驚嘆した／感動した

重ね言葉を使う

「どんどん」「ぐんぐん」「さらさら」などのいわゆる重ね言葉は、リアリティを出す表現として有効だ。「砂はさらさらと手の間から落ちていった」と語ると、砂が見えてくるように感じられるはずだ。「私は疲れ切っていた」と語るよりも、「私はくたくたに疲れていた」と語るほうが実感が伝わる。しかも、重ね言葉は簡単に使える。そのうえ、短くて済む。これをうまく使わない手はない。

問題

Training 23

次の文を、重ね言葉などの修飾語を入れて、
目に見えるように描いてください。

①彼女に良い返事をもらって、
とてもうれしかったので、私はそれまでの
疲れも忘れて、（　　　　）歩いた。

②ライバルの秘密を知って、
彼の目は、（　　　　）輝いた。

③よくないことだとはわかっていたが、
（　　　　）それを続けた。

④空が急に暗くなり、
（　　　　）風が吹いてきた。

解答例

Answer

①彼女に良い返事をもらって、とてもうれしかったので、私はそれまでの疲れも忘れて、（**うきうきと／すたすたと／いそいそと**）歩いた。

②ライバルの秘密を知って、彼の目は、（**らんらんと／めらめらと／ぎらぎらと**）輝いた。

③よくないことだとはわかっていたが、（**もくもくと／ぐずぐずと／よろよろと／うじうじと**）それを続けた。

④空が急に暗くなり、（**ひゅーひゅーと／びゅーびゅーと／ごうごうと／ざあっざあっと**）風が吹いてきた。

比喩を使う

　比喩はもちろんかなり文学的な手法だが、日常生活でうまく使うと、情景や心情がうまく伝わり、時にユーモラスにもなる。「まるで……のように」という形を使って少し大げさに表現すればよい。「私はおびえた」というのではなく、「まるで草原でライオンの前に立たされた兎のようにおびえた」とするだけで状況が伝わる。ここでは軽く練習をしてみよう。

問題

Training 24

（　　　　）内に比喩などの表現を加えて、
おもしろい文にしなさい。

①社長の機嫌が悪くなるのに気づいて、
私たちは、（　　　　）黙り込んだ。

②彼は巨人がのっしのっしと
やってくるのを見て、（　　　　）震えた。

③太郎は自分の罪を悟られないように、
父を前にして、（　　　　）とぼけた。

④課長は、仕事の打ち合わせ中に
こっそりスマホでゲームをしている社員を見て、
（　　　　）怒った。

解答例

Answer

①社長の機嫌が悪くなるのに気づいて、私たちは、（**魚のように／ライオンの動きを見守る鹿の群れのように／悪戯を見つけられた子どものように／厚い霧に覆われた森のように**）黙り込んだ。

②彼は巨人がのっしのっしとやってくるのを見て、（**少女のように／風に揺れる木の葉のように／背中に氷を当てられたように／全身の毛が逆立つように**）震えた。

③太郎は自分の罪を悟られないように、父を前にして、（**表情のないロボットのように／何も知らないよそ者であるかのように／お白州に引き出された極悪人のように**）とぼけた。

④課長は、仕事の打ち合わせ中にこっそりスマホでゲームをしている社員を見て、（**鬼のように／浮気現場を見つけた夫のように／餌を取り上げられた猿のように／巣を壊されたスズメバチのように**）怒った。

第 4 章

マナーの日本語

行動にマナーがあるのと同じように、言葉遣いにもマナーがある。とりわけ、日本語には敬語という言葉のマナーがある。それを使いこなしてこそ、マナーを守り、しっかりした日本語を使う人間とみなされることになる。マナーを守れないと、常識知らずで無教養とみなされてしまうだろう。

近年、自己中心的で偉そうな言葉遣いをする人、生意気な表現をする人が増えているようだ。周囲を凍り付かせ、そればかりかみんなから人格や常識を疑われているのに、自分は気づかずにいる。そのような人々は自分がマナーに反していることを知らないのだろう。そもそも、言葉のマナーを知らないのだろう。

本章では、敬語などのマナーにかかわる言葉遣いについて練習する。

敬語を使いこなす

日本人である限り、敬語を使わないわけにはいかない。敬語を使うことによって相手への敬意を示し、謙虚さを示し、人間関係を築くことができる。同時に、社会的な常識を持っていること、社会の中での自分のあり方についてきちんと了解していることを示すこともできる。ここでは敬語の基本について練習する。

問題

Training 25

次の文は、目下の社員が社長を相手に
話した文です。
正しい敬語に改めてください。

①社長が先に食べてください。
私は後で食べて追いかけます。

②そんなことを言わないで、私の言ったことを
もっと考えていただけませんか。

③そのことは知っていますが、
それについて社長の意見を聞きたいと
思います。

解答例

Answer

①社長が先に食べてください。私は後で食べて追いかけます。

→「**社長が先に召し上がってください。私は後ほどいただきしだいまいります**」

解説　敬意を示す相手がする動作を敬って表現するのが尊敬語、敬意を示す相手に対してする動作をへりくだって表現するのが謙譲語。「食べる」の尊敬語「召し上がる」・謙譲語「いただく」は必修敬語。「お召し上がりください」は過剰敬語になるが、最近は「召しあがってください」をより丁寧に表現しようとして使われるようになって、誤用とは言えない。

②そんなことを言わないで、私の言ったことをもっと考えていただけませんか。

→「**そんなことをおっしゃらないで、私が申し上げたことをお考えいただけませんか**」

解説　「言う」の尊敬語「おっしゃる」・謙譲語「申す・申し

上げる」は必修敬語。相手の動作に「お〜いただけませんか」をつけると、敬意を込めた依頼になる。

③そのことは知っていますが、それについて社長の意見を聞きたいと思います。
→**「そのことは存じていますが、それについての社長のご意見を伺いたいと思います」**
→**「そのことは存じておりますが、それについての社長のご意見をお聞かせ願います」**

解説　「聞く」の謙譲語は「伺う」。相手の動作に「お〜願います」をつけると敬意を込めた依頼を示す。

優秀
見ろ!
ご覧下さい!

問題

Training 26

次のもとの文を、例のように丁寧な言い方と、より敬意の高い言い方に直してください。

	もとの文	丁寧な言い方	より敬意の高い言い方
例	トイレ貸せ	トイレを貸してください	トイレを拝借できますか
①	優秀作品を見ろ		
②	書類を受け取れ		
③	衣装を着ろ		
④	解決方法を教えろ		
⑤	ミスを許せ		

解答例

Answer

	もとの文	丁寧な言い方	より敬意の高い言い方
例	トイレ貸せ	トイレを 貸してください	トイレを 拝借できますか
①	優秀作品を 見ろ	見てください	ご覧ください ご高覧に供したく 存じます
②	書類を 受け取れ	受け取って ください	お受け取りください
③	衣装を着ろ	着てください	お召しください
④	解決方法を 教えろ	教えてください	お教えください ご教示ください
⑤	ミスを許せ	許してください	お許しください ご容赦ください ご寛恕いただきたく お願い申し上げます

セクハラ、マタハラ、パワハラにならないような表現にする

一昔前だったら、だれもが平気で口にしていたことが今ではセクハラ、マタハラ、パワハラとして問題視され、場合によっては裁判沙汰になる。だが、まったくの善意によって、誤解されそうなことを言いたくなるものだ。ここでは、素直に口にしてしまうとセクハラ、マタハラ、パワハラになってしまうものを、少し工夫することによってだれからも問題にされず、しかも相手もそれほど気分を害さない方法を考えてみることにする。

問題

Training 27

次の文をセクハラ、マタハラ、パワハラにならないように改めてください。

①あなたのでっかいオッパイにそそられる。

②結婚して4年になるのに、
まだ子どもをつくらないの?
それとも、できないの?

③こんなこともできないんなら、
明日からもう会社に来るな。

④そんなに短いスカートをはいてこられると、
つい中をのぞきたくなる。

⑤口答えするやつは、次の人事で
ひどい目に遭うと思え。

解答例

Answer

①あなたのでっかいオッパイにそそられる。

→「昔の日本人からは考えられないようなあなたのプロポーションはとても魅力的だ」

→「素晴らしいプロポーションをしておられますね」

→「ルノワールの描く女性のような魅力的なプロポーションですね」

→「まるで、女優の○○のようなプロポーションが魅力的です」

解説　相手の肉体についてコメントすること自体がかなり失礼なので、あまりこのようなことを口にするべきではない。が、あえて言おうとするのであれば、「おっぱい」「バスト」「胸」などという部位についての言葉は出さないほうがよい。全体的なこととしてぼかして言うのが望ましい。あるいは、胸の大きな好感度の高い女優を例に出して、それと似た魅力だということを示すしかない。

②結婚して4年になるのに、まだ子どもをつくらないの?
それとも、できないの?
→「結婚して4年でしたっけ。子どもは大変なので、私だったらつくりたくないな」
→「結婚して4年で、お子さんはまだですか。子どもは授かりものですからね」
→「もし子どもができたら、言ってくださいね。お祝いしたいから」

解説　このようなことを話題にすること自体ほめられたことではないが、親身になっている人間が本人のためを思って聞きたいという場合もあるだろう。そのようなときは、あくまでも本人の気持ちに配慮する必要がある。つくらないのか、不妊で悩んでいるのかわからないならば、なおさら立ち入らない表現を選ぶべきだ。「産まなければいけない」「産んで当然」というのではなく、あくまでも「天の授かりもの」ということを強調する方法もある。また、「もし……なら……なのに」という非現実の仮定をして語ることもできる。

③こんなこともできないんなら、明日からもう会社に来るな。
→「しっかり仕事をして、君の地位を安定させてください」
→「向上心を持って、仕事に向かって周囲からの信頼を得

てほしい」
→「サボりすぎて仕事をなくすこともあるんだぞ」

解説　叱ったり脅したりするのではなく、しっかり仕事をすることが本人のためになると示すのが望ましい。あるいは、、仕事ができないと報われないことを一般論として語ることもできる。

④そんなに短いスカートをはいてこられると、つい中をのぞきたくなる。
→「もう少しスカートを長くしてくれるほうが、社内のみんなが安心していられるんだけどね」
→「社内では、みんなが変に意識しないですむ丈のスカートを着てください」
→「もしもう少しスカートを短くしてくれると、みんながもっと安心して仕事ができるんだけどね」

解説　「のぞきたくなる」など論外。相手のスカートが短すぎることを指摘するのも注意する必要がある。一般論として語るのがもっともよい。また、「もし……なら」という仮定がここでも使える。

⑤口答えするやつは、次の人事でひどい目に遭うと思え。

→「もし口答えをしなければ、君をあちこちでほめたたえたくなるんだけどね」
→「口答えする人は人事で不利にされることがあるんだよ」
→「自分の考えを言うばかりでなく周囲の言うことを受け入れれば、もっと君は評価されるようになるよ」

解説　ここでも「もし……なら」を使って非現実の仮定をする方法が使いやすい。また、一般論を語ることもできる。

上から目線を改める

上から目線でものを言う人が少なくない。平気で周囲の人を見下し、自分よりも年上の人に対して人生の先輩であるかのような口ぶりをし、自分よりも知識のある人に対して教えてあげようという言葉遣いをする。言った本人はまったく気づいていないのに、周囲を不愉快にさせている。ここでは、感じの悪い話し方を改める練習をする。

問題

Training 28

次の文はあまりに傲慢な印象を与えます。
同じような意味で感じの良い伝え方を
考えてください。

①武田信玄と上杉謙信が戦ったのが
川中島の戦いですよ。
え、そんなことも知らないんですか。

②私、皆さんと違って、東大卒なんです。

③次の課長のお仕事、大変そうですね。
でも、課長はこのタイプの仕事は
熟練してますから、きっとできますよ。
期待してます。

④先輩、センスだめそうなんで、
私がアドバイスしてあげましょうか。

解答例

Answer

①武田信玄と上杉謙信が戦ったのが川中島の戦いですよ。え、そんなことも知らないんですか。

→**「ご存じだとは思いますが、武田信玄と上杉謙信が戦ったのが川中島の戦いです」**

→**「武田信玄と上杉謙信が戦ったのが川中島の戦いですよね。いえ、私も日本史が苦手なんで知ったばかりなんですけど」**

解説　相手が知らないことを指摘するべきではない。「ご存じだとは思いますが」をつけることで、相手の無知を責めずに情報を伝えられる。また、相手も知っているはず、たまたま忘れただけというスタンスをとるのもうまい方法だ。あるいは、自分もよく知っているわけではないこと、たまたま知ったことなどを付け加える方法もある。

②私、皆さんと違って、東大卒なんです。

→**「誰もそうみてくれないんですけど、私、これでも東大**

卒なんです」
→「**私、東大卒なんです。ただ入るのに2年、卒業するのに2年余計にかかりましたけど**」

解説　自慢の一種なので、自慢を和らげるテクニックを使うことができる。自己卑下を加えるのがもっともうまい方法だ。

③次の課長のお仕事、大変そうですね。でも、課長はこのタイプの仕事は熟練してますから、きっとできますよ。期待してます。
→「**次の課長のお仕事、大変そうですね。でも、課長はこのタイプの仕事はわれわれの手本でいらっしゃるから、間違いなく成功すると思います**」
→「**次のお仕事、大変そうですね。でも、課長はこのタイプの仕事はプロ中のプロですから、私たちの見本にさせていただきます**」

解説　「期待しています」は、目上には失礼な表現になる。課長の仕事を手本にさせてもらうということを示すのがうまい方法だ。

④先輩、センスだめそうなんで、私がアドバイスしてあげましょうか。

→「先輩はセンスに自信があるんでしょうけど、たまには私のアドバイスも試してみませんか」
→「先輩は私とセンスが違うんですけど、私のセンスだってまんざらではないですよ」

解説　相手のセンスがよくないというのではなく、「自分と異なる」というように主観的にまとめるとよい。相手を褒めておいてから、提案をすることで失礼にならずにすむ。

印象をよくする

同じ内容を語るにしても、「私、そのくらいの仕事ならできます」というのと、「その仕事でしたら、私もできると思いますので、ぜひ私にさせてください」というのとでは、まったく印象が異なる。相手の立場に立って、自分よりも相手のほうが目上であり、自分は相手にさせていただくということを意識して表現することが好ましい。ここでは日常的な様々な場面を想定して、言葉の使い方について練習する。

問題

Training 29

印象がよくなるように
傍線部を言い換えよう。

①「今日は、私がご馳走するよ。何がいい？」
「私は、牛丼でいいです」

②「○○商会のものですが
鈴木課長をお願いします」
「鈴木課長さんはいらっしゃいません。
後でそちらに電話をしますか？」

③「鈴木課長にお目にかかりたいのですが」
「戻るまで20分かかります。
どうしますか。待っていてもいいですよ」

④「部長、僕は乗り換えなので、
あっちのホームへ行きます」

⑤（エレベーターで杖をついたご婦人に）
「先に乗っていいよ」

解答例

Answer

①「今日は、私がご馳走するよ。何がいい?」「私は、牛丼でいいです」
→「**牛丼をいただきます**」「**牛丼が食べたいです**」
(「でいいです」は、安く済ませてあげようという意図が感じられて失礼)

②「○○商会のものですが鈴木課長をお願いします」「鈴木課長さんはいらっしゃいません。後でそちらに電話をしますか?」
→「**席を外しております。後ほど電話を差し上げるよう申し伝えましょうか**」
(部外者に対して身内に尊敬語を使うのは×。相手に対しては謙譲語を使う)

③「鈴木課長にお目にかかりたいのですが」「戻るまで20分かかります。どうしますか。待っていてもいいですよ」
→「**いかがなさいますか。よろしければお待ちいただけま**

すか」

（「お～いただけますか」は、敬意をこめて依頼する表現）

④「部長、僕は乗り換えなので、あっちのホームへ行きます」

→「**こちらで失礼いたします**」

⑤（エレベーターで杖をついたご婦人に）「先に乗っていいよ」

→「**どうぞお先に（お乗りください）**」

「あなた」という人称代名詞を避ける

英語では、常に二人称の代名詞にyouを用いるが、言うまでもなく、日本では「あなた」「あんた」「お前」「君」「貴様」など様々な代名詞を用いる。しかも、親しくない間柄では、相手に対して二人称で呼ばないことが多い。平社員が課長に向かって「あそこにあなたのバッグがあります」などと英文和訳ふうに話すと途方もなく失礼ということになる。

人称代名詞を省略したり、敬語を上手に用いたりすれば、うまく「あなた」と言わないで済む。

問題

Training 30

あなたは目上の人に以下のことを
語ろうとしています。
「あなた」を使わないで、
以下のことを相手に伝えてください。

①あなたと一緒に行きたいんですが、
私は遅くなりそうなので、
あなたが先に行ってもらえませんか。

②あなたの奥さんはとても感じがいいですね。

③あなたはとても映画に詳しいそうですね。
先日、あなたに貸していただいたDVDについて
尋ねたいことがあるのですが、
あなたの部屋まで行っていいですか。

④課長の意見にあなたは反対していましたが、
課長の意見よりもあなたの意見に私は賛成です。
課長は現場を無視して企画を通すことばかりを
考えていますが、あなたは現場のことを中心に
考えてくれています。

解答例

Answer

①あなたと一緒に行きたいんですが、私は遅くなりそうなので、あなたが先に行ってもらえませんか。

→「ご一緒したいのですが、私は遅くなりそうなので、先に行っていただけますか」

→「同行させていただきたいのですが、遅くなりそうですので、お先におひとりでお願いできますか」

②あなたの奥さんはとても感じがいいですね。

→「奥様はとても感じがよいかたですね」

③あなたはとても映画に詳しいそうですね。先日、あなたに貸していただいたDVDについて尋ねたいことがあるのですが、あなたの部屋まで行っていいですか。

→「とても映画に詳しいそうですね。先日、貸していただいたDVDについてお尋ねしたいことがあるのですが、お部屋にお邪魔してよろしいですか」

→「映画にお詳しそうですね。先日お借りしたDVDにつ

いてお尋ねしたいので、部屋にお邪魔してよろしいでしょうか」

④課長の意見にあなたは反対していましたが、課長の意見よりもあなたの意見に私は賛成です。課長は現場を無視して企画を通すことばかりを考えていますが、あなたは現場のことを中心に考えてくれています。
→「課長の意見に反対なさっていたご意見に、私は賛成です。課長は現場を無視して企画を通すことばかりを考えているのに対して、現場のことを中心に考えてくださっています」
→「課長の意見に反対されておられましたが、私はおっしゃる通りだと思います。課長は現場を無視して企画を通すことばかりを考えているのに、現場のことを中心に考えてくださっていますので」

解説　日本語では、わざわざ「あなた」という人称代名詞を使わなくて省略してもわかってもらえることが多い。わかりにくいときには敬語を使えばよい。ただし、それだと不自然になるので、言葉を付け足すなどする必要がある。

第5章

知っておくと便利な言葉のテクニック

文章を書くとき、ふと手が止まる経験は誰もがあるだろう。文が混乱してうまくつながらなくなったり、どうしても同じ表現が続いてしまって先に続かなくなったり。

もちろんそうなってしまうのは「文才」がないからではない。文章を書く場合のテクニックを知らないためだ。

そこで本章では、言葉を話したり文章を書いたりするときに便利なテクニックを紹介する。書き慣れた人はここに挙げるテクニックを知らず知らずのうちに身につけて使いこなしている。文章を書き慣れない人は、このテクニックを意識的に使ってみていただきたい。そうすれば、すぐに自在に言葉を使いこなせるようになるだろう。

常体を敬体に改める

日本語には常体（「だ・である」調）と敬体（「です・ます」調）がある。文章ではこれを混ぜて書くことはルール違反とされている。

ただ注意しておくべきことがある。敬体で文章を書く場合、「終止形＋です」は幼稚な印象を与えてしまうことだ。「楽しかったです」「映画に行きたいです」という表現は、会話の中ではふつうに使われるが、文章では、あまり好ましくない。小学生の作文のようになってしまう。何らかの工夫が必要になる。

問題

Training 31

常体を敬体に改めてください。

①その映画はおもしろかった。

②テレビゲームばかりすると、
自分が現実の中で生きているという感覚を
忘れてしまう。

③その絵は美しい。

④みんなでピクニックに行ったが、
楽しかった。

解答例

Answer

①その映画はおもしろかった。

→**「その映画をおもしろいと思いました」**

→**「その映画をおもしろいと感じました」**

→**「それはおもしろい映画でした」**

②テレビゲームばかりすると、自分が現実の中で生きているという感覚を忘れてしまう。

→**「テレビゲームばかりすると、自分が現実の中で生きているという感覚を忘れてしまいます」**

③その絵は美しい。

→**「その絵は美しいと思います」**

→**「その絵を美しく感じます」**

④みんなでピクニックに行ったが、楽しかった。

→**「みんなでピクニックに行きましたが、楽しく思いました。(楽しめました。楽しい思い出になりました)」**

二つの文を一つにまとめる

関係代名詞を用いて二つの文を一つにまとめる……というのは高校英語の頻出問題だが、日本語でも同じような作業をすると文章が書きやすくなることがある。ただし、日本語の場合、英語のような規則があるわけではない。様々な方法で二つの文を一つにすることができる。ある言葉に別の文の要素を修飾節として加えればよい。

なお、以下の問題では、重文にして二つの文を並べて、「あそこに広い池がありますが、その池で、私は小さいころ釣りをしました」というタイプの解答は避けていただきたい。これは、あくまでも複文にして一つの文の中に加える練習だ。

問題

Training 32

二つの文を一つの文にまとめなさい。

①あそこに広い池があります。
その池で、私は小さいころ釣りをしました。

②あれが私のマンションです。
昨年から、そのマンションに住んでいます。

③会社からまだ指示がない。
その指示があれば、私は大阪に
すぐに出発することになる。

④あそこにマンションがあります。
そのマンションにはスターのSが
住んでいるという噂ですが、
実はすでに引っ越したそうです。

解答例

Answer

①あそこに広い池があります。

その池で、私は小さいころ釣りをしました。

→「**あそこに私が小さいころに釣りをした広い池があります**」

→「**あそこにある広い池で、私は小さいころ釣りをしました**」

→「**あそこにあるのは、私が小さいころに釣りをした池です**」

②あれが私のマンションです。

昨年から、そのマンションに住んでいます。

→「**あれが私が昨年から住んでいるマンションです**」

→「**昨年から住んでいるのはあのマンションです**」

③会社からまだ指示がない。その指示があれば、私は大阪にすぐに出発することになる。

→「**会社からまだ大阪にすぐに出発するようにという指示**

がない」

→「会社からまだ指示がないが、指示が出たら私は大阪にすぐに出発することになる」

→「会社からの指示がまだないので、私は大阪に出発はしていない」

④あそこにマンションがあります。

そのマンションにはスターのSが住んでいるという噂ですが、実はすでに引っ越したそうです。

→「あそこに、スターのSが以前に住んでいたという噂のマンションがあります」

→「あそこにあるマンションにはスターのSが住んでいるという噂ですが、実はすでに引っ越したそうです」

→「あそこに、スターのSが住んでいて、引っ越したという噂のマンションがあります」

→「あそこのマンションにはスターのSが住んでいるという噂ですが、実はすでに引っ越したそうです」

→「あそこがスターのSが住んでいるという噂のマンションですが、実はすでに引っ越したそうです」

「だ・である・です」を避ける

文章を書いていると、「私は……である。次にするべきなのは ……である。次に……である」などというように「だ・である」が連続することがある。そうなるとどうしても文章の流れが悪くなる。ここでは、それを避ける練習をする。

なお、①は「吾輩は猫である」を「だ・である・です」を使わずに表現する問題だが、「吾輩は猫」「吾輩は猫よ」は答えとして認めない。ヒントを言おう。「否定形」を用いるとうまくいく。あるいは、英語のasに当たる言葉を使うこともできる。頭の体操として挑戦してみてほしい。

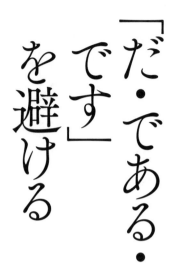

問題

Training 33

「だ・である・です」を使わない文に
改めてください。

①吾輩は猫である。

②ベートーヴェンはドイツ古典派を代表する大作曲家である。

③「われ思う、ゆえにわれあり」という言葉が彼の思想のエッセンスである。

④私は明治大学の学生である。

解答例

Answer

①吾輩は猫である。

→「**吾輩は猫にほかならない**」

→「**吾輩は猫以外の何者でもない**」

→「**吾輩は猫として生まれた**」

→「**吾輩は猫として存在している**」

→「**吾輩は猫として生きている**」

②ベートーヴェンはドイツ古典派を代表する大作曲家である。

→「**ベートーヴェンはドイツ古典派を代表する大作曲家とされている**」

→「**ベートーヴェンはドイツ古典派を代表する大作曲家といわれている**」

→「**ベートーヴェンはドイツ古典派の作曲家を代表している**」

→「**ドイツ古典派を代表する大作曲家にベートーヴェンがいる**」

③「われ思う、ゆえにわれあり」という言葉が彼の思想のエッセンスである。

→「われ思う、ゆえにわれあり」という言葉が彼の思想のエッセンスといわれている。

→「われ思う、ゆえにわれあり」という言葉が彼の思想のエッセンスにほかならない。

→「われ思う、ゆえにわれあり」という言葉が彼の思想のエッセンスをなしている。

→彼の思想のエッセンスは「われ思う、ゆえにわれあり」という言葉で表されている。

④私は明治大学の学生である。

→「私は明治大学に通っている」

→「私は明治大学に所属している」

→「私は明治大学に籍を置いている」

→「私は明治大学の学生として活動している」

→「私は明治大学の学生証を持っている」

→「私は明治大学に入学した」

同じ言葉の連続を避ける

文章を書いていると、同じ言葉が続いてしまって、不自然になることがある。800字ほどの文章のすべての文が「である」で終わるもの、ほとんどが「私は思う」で終わる文をときどき見かける。これでは、読んでいて息苦しくなってしまい、あまりにワンパターンのため、内容が頭に入らなくなってしまう。同じ言葉が続かないように工夫することが大事だ。

問題

Training 34

指示に従って、同じ言葉を使わないように文を改めてください。

①小津安二郎監督の映画では、原節子と司葉子と岡田茉莉子の出た映画と田中絹代と山本富士子と有馬稲子の出た映画に感動したが、その題名を覚えていない。**【「と」の連続を避ける】**

②私が提案するのは、ホームページの全面刷新である。現在の閲覧状況は悲惨である。この状況の原因はひとえにセンスの古さである。業者を変えて、新しいセンスのHP構築を行うべきである。**【「である」の連続を避ける】**

③私も係長の提案はとてもいいと思います。ただ、実現するのには難しいこともあるのではないかと思います。対策についてもう少し協議するほうがよいと思います。**【「思います」の連続を避ける】**

④知っていることや考えていることを人に伝えるということがこれからの社会では大事だということを忘れてはならない。**【「こと」という言葉を減らす】**

解答例

Answer

①小津安二郎監督の映画では、原節子と司葉子と岡田茉莉子の出た映画と田中絹代と山本富士子と有馬稲子の出た映画に感動したが、その題名を覚えていない。**【「と」の連続を避ける】**

→「小津安二郎監督の映画では、原節子・司葉子・岡田茉莉子の出た映画と、田中絹代・山本富士子・有馬稲子の出た映画に感動したが、その題名を覚えていない」

→「小津安二郎監督の映画では、2本の映画、つまり原節子、司葉子、岡田茉莉子の出た映画、そして田中絹代、山本富士子、有馬稲子の出た映画に感動した。だが、その題名を覚えていない」

→「小津安二郎監督の映画では、原節子、司葉子、岡田茉莉子の三女優が共演した映画と、田中絹代、山本富士子、有馬稲子の三女優が共演した映画に感動したが、その題名を覚えていない」

解説　「と」が続きそうなときには、「・」や「、」をつかえる。

また、「そして」でつなぐこともできる。

②私が提案するのは、ホームページの全面刷新である。現在の閲覧状況は悲惨である。この状況の原因はひとえにセンスの古さである。業者を変えて、新しいセンスのHP構築を行うべきである。**【「である」の連続を避ける】**

→「私はホームページの全面刷新を提案する。現在の閲覧状況は悲惨である。この状況の原因はひとえにセンスの古さによる。業者を変えて、新しいセンスのHP構築を行ってはどうだろう」

→「私が提案するのは、ホームページの全面刷新である。現在の閲覧状況は悲惨な状態にある。この状況にはひとえにセンスの古さが考えられる。業者を変えて、新しいセンスのHP構築を行うべきである」

→「私は、ホームページの全面刷新を提案したい。現在の閲覧はきわめて少ない。この状況の原因として、ひとえにセンスの古さが考えられる。業者を変えて、新しいセンスのHP構築を行うのが望ましい」

→「私は、ホームページの全面刷新を提案したい。現在の閲覧状況が悲惨である原因はひとえにセンスの古さにある。業者を変えて、新しいセンスのHP構築を行うべきである」

解説　「である」の連続を回避するためには、問題33参照。

③私も係長の提案はとてもいいと思います。ただ、実現するのには難しいこともあるのではないかと思います。対策についてもう少し協議するほうがよいと思います。**【「思います」の連続を避ける】**

→「私も係長の提案はとてもいいと思います。ただ、実現するのには難しいこともあるのではないでしょうか。対策についてもう少し協議するほうがよさそうです」

→「係長の提案はとてもいいのではないでしょうか。ただ、実現するのには難しいこともあるかもしれません。対策についてもう少し協議するほうがよろしいでしょう」

→「係長の提案はとてもいいのではないでしょうか。ただ、実現するのは難しそうです。対策についてもう少し協議するほうがよいかもしれません」

→「私も係長の提案に賛成です。ただ、実現するのには難しいこともあるのではないかと懸念されるので、対策についてもう少し協議するほうがよいと思います」

解説　「でしょう」「でしょうか」「かもしれません」「思われます」「そうです」などを「思う」の代わりに使うことができる。

④知っていることや考えていることを人に伝えるというこ

とがこれからの社会では大事だということを忘れてはならない。**【「こと」という言葉を減らす】**

→「知識や思考を人に伝えるのがこれからの社会では大事だということを忘れてはならない」

→「知っていることや考えていることを人に伝えるのがこれからの社会では大事だと心に刻んでおくべきだ」

→「知っている内容や考えている内容を人に伝えるのがこれからの社会では大事だと知っておくべきだ」など

解説　「こと」を繰り返す場合がよくある。「こと」を「の」に変えれば済むこともあるし、「内容」に改めるべき場合もある。

まとめる言葉を使いこなす

「掃除をしたり、食事を作ったり、洗濯をしたりして一日を過ごした」ということもできるが、一言で「家事をして一日を過ごした」ということもできる。このようにまとめて表現できたら、時に字数の節約になり、引き締まった文章になる。いくつものことをひとまとめにして語ることもできる。ここでは、そのような、まとめて表現する練習を行う。

問題

Training 35

ほぼ同じ意味になるように言い換えてください。

①テレビを見たり、新聞を読んだりして、知識を増やした。
→テレビや新聞に（　　　）、知識を増やした。

②音楽を聴くことと絵画を見ることが私の趣味だ。
→音楽や絵画の（　　　）が私の趣味だ。

③書いた文章を、他の人に読んでもらって説明不足な部分を加え余分なところを削ってもらいます。
→書いた文章を（　　　）してもらいます。

④あの母親は、子どもに食事を与えなかったりちょっとしたことで殴ったりしていた。
→あの母親は、子どもを（　　　）していた。

⑤好況でも不況でも、安定した利回りを保証します。
→（　　　）にかかわらず安定した利回りを保証します。

解答例

Answer

①テレビを見たり、新聞を読んだりして、知識を増やした。
→テレビや新聞に（**触れて**／**接して**）、知識を増やした。

②音楽を聴くことと絵画を見ることが私の趣味だ。
→音楽や絵画の（**鑑賞**）が私の趣味だ。

③書いた文章を、他の人に読んでもらって説明不足な部分を加え余分なところを削ってもらいます。
→書いた文章を（**添削**）してもらいます。

④あの母親は、子どもに食事を与えなかったりちょっとしたことで殴ったりしていた。
→あの母親は、子どもを（**虐待**）していた。

⑤好況でも不況でも、安定した利回りを保証します。
→（**景気**）にかかわらず安定した利回りを保証します。

無生物主語を使う

英語でよく無生物主語が使われる。「私はその絵に感動した」と語るのではなく、事物や事象を主語にして、「その絵が私を感動させた」というように表現する。日本語でも、「その絵は壁にかけられ、明かりに照らされていた。人々はその絵に目を向けた」というよりも、「その絵は壁にかけられ、明かりに照らされ、人々の目を引きつけていた」とするほうが、同じ主語のまま書くことができる。このようなテクニックを身につけておくと便利だ。

問題

Training 36

指示に従って、改めてください。

①音を聞いた。【「音が」で始まる文に】

②シェークスピアは世界の文豪である。
【「シェークスピアは」で始まり、「知られている」で終わる文に】

③テレビが台風の接近を報道した。
【「台風の接近が」で始まる受け身の文に】

④コンピュータ化が進んだので、
歴史の動きが速くなった。
【「コンピュータ化の進展が」につづけて】

⑤私は怒りを覚えた。【「怒りが」で始まる文に】

⑥グローバル化したために、
世界中の都市が同じようになった。
【「グローバル化が」で始まる文に】

解答例

Answer

①音を聞いた。**【「音が」で始まる文に】**

→「**音が聞こえた**」

→「**音が耳に入った**」

→「**音が耳に届いた**」

②シェークスピアは世界の文豪である。

【「シェークスピアは」で始まり、「知られている」で終わる文に】

→「**シェークスピアは世界の文豪として知られている**」

③テレビが台風の接近を報道した。

【「台風の接近が」で始まる受け身の文に】

→「**台風の接近がテレビによって報道された／台風の接近がテレビで報道された**」

④コンピュータ化が進んだので、歴史の動きが速くなった。

【「コンピュータ化の進展が」につづけて】

→「**コンピュータ化の進展が、歴史の動きを速めた**」

→「加速した／動きのアクセルを速めた」

⑤私は怒りを覚えた。**【「怒りが」で始まる文に】**

→「怒りが私を襲った／怒りが私をとらえた」

⑥グローバル化したために、世界中の都市が同じようになった。

【「グローバル化が」で始まる文に】

→「グローバル化が世界中の都市の画一化（一律化）をもたらした」

強調する表現

言葉を口で発するときは、強調したければ声の抑揚を変えればよい。だが、文章に書くとき、そのような方法をとることができない。その場合、何らかの方法で強調しなければならない。英語の強調構文については多くの方が学んだ記憶があることだろう。日本語には決まった強調構文はないが、様々な方法で強調することができる。

少々大げさにそのような状況を語ることができる。「誰もいない」と言いたい時に、「誰一人いない」「猫の子一匹いない」「人っ子一人」いないなどという表現が考えられるだろう。

問題

Training 37

下線部を強調する文に
改めてください。

①私は一度間違いを犯した。

②静かな中に、男の靴音だけが響いた。

③一瞬のすきをつかれて、
選手は技をかけられてリングに倒れた。

④その男は駅のホームで
わけのわからないことを語っていた。

⑤街を歩いていると、
突然、知らない人に声をかけられた。

解答例

Answer

①私は一度間違いを犯した。

→「私は、たった一度だけ」

→「ほんの一度きり」

→「人生の上でたった一度だけ」など

②静かな中に、男の靴音だけが響いた。

→「静まり返る中」

→「何一つ物音の聞こえない中」

→「街の音がまったく届かない中」

→「虫の羽音さえも聞こえそうな静かな中」

→「街が完全な眠りに包まれている中」など

③一瞬のすきをつかれて、選手は技をかけられてリングに倒れた。

→「ほんの一瞬の」

→「すきが生じたその刹那」

④その男は駅のホームでわけのわからないことを語っていた。
→「**到底理解できないこと**」
→「**きわめて意味不明なこと**」
→「**どうやってもわけがわからないこと**」
→「**誰一人理解できないこと**」

⑤街を歩いていると、突然、知らない人に声をかけられた。
→「**まったく知らない人**」
→「**見も知らぬ人**」
→「**まったく見覚えのない人**」
→「**一度も見た覚えのない人**」

リアルに書く

文章を書くにはリアリティが必要だ。「イベントに人がたくさんいた」と書いただけでは、状況が伝わらない。「1500人が集まった」でも伝わらない。「すべての席が埋まり、スタッフのために用意していた3階席までも一般に開放した」などと書いてこそ、それが伝わる。

リアリティを出すには、目に見えるようにくわしく描写をするのが基本だ。どんな状況だったのかを具体的に語ることによって読んだ人の頭にイメージが描かれる。

また、動きを描くのもリアルに書くためのコツだ。「車が置かれていた」ではなく、「その時、車がゆっくりと動きだした」と書くほうが目に浮かぶ。

問題

Training 38

次の文は、あまりリアルに描かれていないため、状況が目に見えるように伝わってきません。もう少し描写をして、リアルな文に改めてください。

①学校からの帰り、道を歩いていると、向こうから知らないおじさんが歩いてきた。私の前に立ち止まって、「世界征服を企てているのは、お前たちか」と言った。

②駅のホームで酔った男が歩いていた。よろめいて白線から外に落ちそうになったときに電車が入ってきたが、奇跡的にケガはなかった。

③電車に乗っていた時、携帯電話で話をしている人がいたので、「うるさいなあ」と言ってふりむいたら、携帯で話していた人は、どこから見ても危ない人で、私はにらまれた。

④神社見物をしていたら、木の陰から男が出てきて、私の前で倒れた。男の腹部は血がにじんでいた。

解答例

Answer

①学校からの帰り、道を歩いていると、向こうから知らないおじさんが歩いてきた。私の前に立ち止まって、「世界征服を企てているのは、お前たちか」と言った。

→学校からの帰り道。私はいつものように同じ野球部の友だち三人と駅に向かって大通りを歩いていた。向こうから知らない男がつかつかと歩いてきた。サラリーマン風のスーツ姿だが、なぜか真っ赤なマントを羽織っている。男は私の前に立ちはだかって、通せんぼをするかのように手を大きく広げた。男は金切り声で叫んだ。「世界征服を企てているのは、お前たちか」

②駅のホームで酔った男が歩いていた。よろめいて白線から外に落ちそうになったときに電車が入ってきたが、奇跡的にケガはなかった。

→「駅のホームで列車を待っていると、向こうから歩いてくる男性の様子がどうもおかしい。スーツ姿の30歳前後に見える男だが、千鳥足で、身体がゆらゆらと揺れている。

かなり酔っているようだ。白線を大きく踏み越えて、線路側に大きく傾いたと同時に列車が大きな警笛が鳴らしてホームに入ってきた。列車は男の身体すれすれのところを進んで、ゆっくり止まった。それでも、男は何事もなかったように歩いていた」

③電車に乗っていた時、携帯電話で話をしている人がいたので、「うるさいなあ」と言ってふりむいたら、携帯で話していた人は、どこから見ても危ない人で、私はにらまれた。
→ある日私が電車に乗っていると、私の後ろ側で、車中だというのに携帯電話で通話をしている声が聞こえる。会話は大声で騒がしく続いて、いつまでたっても終わりそうな気配がない。さすがに我慢できなくなって、「うるさいなあ」と言って振り向くと、携帯で話していたその人は、見るからにやくざのような風体をしている。私はぎょっとして、注意したことを後悔した。彼は、私の注意が気に障ったようで、通話をやめるどころか逆に私をにらみつけてきた。

④神社見物をしていたら、木の陰から男が出てきて、私の前で倒れた。男の腹部は血がにじんでいた。
→神社を参拝後、境内を歩いていると不意に木の陰から黒い影がよろけ出て、私の眼の前で倒れた。スーツを着た若

い男だ。突然のことにぎょっとしたが、思わず駆け寄ると、倒れた男性の腹部に血がにじんでいる。その血の汚れがどんどんと大きくなってゆく。鋭利な刃物で刺されたのかもしれない。

第6章

あなたの周りにいる、まともな日本語を使えない若者たち

まともな日本語を使えない人間が増えてきた。「タメロ」を平気で使う人、話し言葉と書き言葉の区別がつかない人、文法的に明らかに誤った文を書く人などなど。

いうまでもなく、言葉はそれを使う人の知性や品性を表す。人の言葉遣いを耳にするだけで、その人の知性・品性がわかるものだ。語彙が豊かで用法的にも正しく、論理的に話をする人は、その話の内容以前に、すぐに知性を認められるだろう。心遣いをした言葉を使う人は、自立したしっかりした大人とみなされるだろう。逆に、語彙が少なく、文法的にも間違いだらけで乱暴で失礼な言葉遣いをする人は知性も品性も疑われるだろう。

自分がしっかりとした日本語を使いこなせる人は、身近に未熟な者がいたら、知性と品性をそなえた日本語を使えるように導くべきだ。もちろん先生として教えるというよりは、ふだんの生活で手本を見せ、彼らの書いたレポートを読む機会があったら修正するのが望ましい。

本章では、未熟な言葉遣いを改め、的確に指導するための練習を行う。

ぞんざいな言葉遣いを改める

公式の場で語る場合や目上の人に話す場合、ぞんざいな言葉を使っていたのでは、相手が気分を害するばかりか、しゃべった本人の知性と品性を疑われてしまう。部下がそのような言葉を使うと、それは上司の恥でもある。ふだんからぞんざいな日本語を人前で使わないように指導しておく必要がある。

問題

Training 39

次の文はあまり知的には思えません。
語る内容はそのままにして、
目上の人に聞かれてもよいようなきちんとした
言葉遣いに改めてください。

①オレばっか叱られるけどさあ、ほかのやつらだって、オレと変わんないじゃん。ぶっちゃけ、課長がオレのことが気に入らねえってだけじゃねえか。

②あのこ、むかつく！　なにげにすごい高そうな服を着て、私のスーパーで買った服を見てさあ、「お似合いね」っていうのよ。ね、ヤバいっしょ？

③今度の新人、まじ、かわいいよな。めっちゃ性格いいし、椅子に座ってるときの太腿ヤバくね？

④あいつのやり方、マジ汚ねえんだよ。俺なんて、ガチ傷ついてんだよ。そのうち、ヤバいことになってもしらねえからな。

解答例

Answer

①オレばっか叱られるけどさあ、ほかのやつらだって、オレと変わんないじゃん。ぶっちゃけ、課長がオレのことが気に入らねえってだけじゃねえか。

→「私ばかりが叱られるが、ほかの人も私と大差ない。要するに、私が課長のお気に入りではないというだけのことではないか」

→「私だけが叱られるが、ほかの人も私と大きな違いはない。単に、課長が私を気に入らないというだけのことだ」など

②あのこ、むかつく！　なにげにすごい高そうな服を着て、私のスーパーで買った服を見てさあ、「お似合いね」っていうのよ。ね、ヤバいっしょ?

→「あの人は癪に障りませんか?　自分はさりげなくかなり値段の高そうな服を着ながら、私のスーパーで買った服を見て、『お似合いね』というのは、不快です」

→「あの人、不愉快ですね。とても高そうな服を平然とし

て身に着けて、スーパーで買った服を着ている私に向かって、お似合いねなどというのです。ひどいでしょう?」など

③今度の新人、まじ、かわいいよな。めっちゃ性格いいし、椅子に座ってるときの太腿ヤバくね?
→「今度の新人は、実にかわいらしいですね。とても性格が良いし、椅子に座った姿も魅力的です」
→「今年入社の新人は、魅力的です。とても性格が良いし、椅子に座った姿が特に男性の気持ちを高めてくれます」など

④あいつのやり方、マジ汚ねえんだよ。俺なんて、ガチ傷ついてんだよ。そのうち、ヤバいことになってもしらねえからな。
→「彼のやり方はなんとしても卑劣だ。私はかなり傷ついている。このままいけば、最悪の事態も懸念されるが、私は関知しないつもりだ」
→「彼の手法は良識に欠けています。私など心から傷ついています。そのうち、大変なことが起こっても、私は責任を持ちません」など

解説　「ばっか」や「じゃん」のようなくだけた言い方や、「マ

ジ」「ガチ」「やばい」などの俗語を多用すると、主観的で感情的な印象を与えて、正確な意思伝達ができない。「やばい」は通常の範囲をはるかに脱している状況を語る言葉であって、場合によってプラスのこと、マイナスのことの両方に用いられる。

SNSでのやり取りをわかりやすくする

SNSを用いる言葉は、仲間うちの会話であるため、説明不足だったり、人を傷つけるものだったりする。外から見ると、まったく意味不明であることも多い。このような言葉遣いに慣れてしまうと、社会生活できちんとした日本語が使えなくなる恐れすらある。

ここでは、SNS内の仲間うちで交わされた言葉を、外部の人にもわかるような言葉に改めてもらうことにする。SNSで書くときも、正確に書くとどうなるかを意識しつつ言葉を選ぶように促すことにつながるだろう。

問題

Training 40

次はLINE上のやり取りです。
これを情報が正確に伝わる文に
改めてください。

A「ナインナインのライブいかない　1500円　4時」
B「誰www」
C「どこ」
A「ボーカルがタケ先輩の先輩」
A「駅前のライブ店M」
C「やばそう」
B「それな」
A「でも聴いたことあるけど、そんな」
B「いいや」
C「おれも」
A「り」
B「明日どっか行く?」
A「大丈夫」

解答例

Answer

A「ナインナインのライブ行かない?　入場料1500円　16時から」

B「そのナインナインって、何者?」

C「ライブの行われる会場はどこ?」

A「ナインナインのヴォーカルがタケ先輩の先輩にあたる」

A「会場は駅前のライブ店Mだよ」

C「タケ先輩の先輩だったら、へたなのでは?」

B「きっと、下手だと思う」

A「聴いたことがあるけれど、へたではない」

B「おれはライブには行かない」

C「おれも　ライブには行かない」

A「了解」

B「明日、どこかに行かないか?」

A「いや、行かない」

解説　SNSでは仲間言葉が使われる。しかし、それだけに正確に情報が伝わらないことが多い。肯定なのか否定なのか誤解を

生むような曖昧な表現を避けて、正確に伝達することを心がける。時間は、午前午後を勘違いすることがあるので、24時間表記がよい。「www」は「笑」、「り」は「了解」の略、「大丈夫」は、「行かなくて大丈夫」の婉曲の拒否だが、一部の人にしか伝わらない。

「ため語」を改める

「ため語」と呼ばれる、目上の人に対しても友人扱いする言葉を用いる人が少なくない。しかし、そのような言葉遣いも他者に対して失礼であるばかりか、言った本人の品性までも疑問視されることになる。したがって、「ため語」を使う人には、それを使うべきではないことを知らせ、本来はどのように表現するべきであるのかをわからせる必要がある。

　ここでは、「ため語」をきちんとした丁寧語に改める練習をする。

問題

Training 41

次の「ため語」を
丁寧な言葉遣いに改めてください。

①これ、ほしいんだったら、貸してあげるよ。

②こっちに来て、みんなと一緒に食べなよ。

③そんなつまんないこと言ってないで、
サッサと仕事しようよ。

④あんた（先輩）が口うるさいからさあ、
みんなよりつかないんだよ。

解答例

Answer

①これ、ほしいんだったら、貸してあげるよ。

→**「これがお入り用ならば、お貸しします」**

→**「よろしかったら、お貸ししますが」**など

（「あげる」は丁寧な言い方であるが、同等か目下に対して使い、目上に使うのは失礼にあたる）

②こっちに来て、みんなと一緒に食べなよ。

→**「こちらで、みんなとご一緒しませんか」**

→**「こちらに来て、みんなと一緒に食事にしませんか」**

→**「こちらにおいでになって、皆さんと一緒に食事になさいませんか」**など

（命令形ではなく、相手の意向を尊重する聞き方をすると丁寧な表現になる）

③そんなつまんないこと言ってないで、サッサと仕事しようよ。

→**「些細なことにはこだわらずに、仕事に取り組みません**

か」

→「そのような意味のないことを言わずに、手際よく仕事を片付けませんか」

→「無駄なことを話すのはやめて、仕事を済ませましょう」

など

④あんた（先輩）が口うるさいからさあ、みんなよりつかないんだよ。

→「もしかすると先輩の仕事に対する要求が過度なので、皆が負担に感じているのかもしれません」

→「先輩の指示が細部にわたるので、皆が煙たがっているかもしれません」

→「細かく注意されるので、みんなが困っているんだろうと思います」

(「口うるさい」は失礼な言い方なので避ける。「かもしれません」という言い方を使うことでぶしつけにならずにすむ)

日本語の誤用を改める

　時代が変化したために、本来の意味が理解されなくなって、間違った意味で使われるようになった日本語がかなりある。あるいは、まだ一般的とは言えないまでも、間違って理解している人が多い場合もある。誤用を確認し、これから慎重になってもらうために、ここに代表的な誤用例を集めてみた。

問題

Training 42

次の文の誤りを指摘してください。

①そもそも話のさわりのところに
疑問を感じたので、その後もずっと
納得できなかった。

②あいつにそんな難しいことをさせては
だめだよ。彼じゃ役不足だよ。

③流れに掉さして、
周囲の抵抗をものともせずにつき進んだ。

④現在の失敗には
すべからく原因があるものだ。

⑤運動会で
すごい息子のことを応援していた。

解答例

Answer

①そもそも話のさわりのところに疑問を感じたので、その後もずっと納得できなかった。

→「さわり」は正しくは、「肝心なところ」の意。ここでは「冒頭」「出だし」とすべき。

②あいつにそんな難しいことをさせてはだめだよ。彼じゃ役不足だよ。

→「役不足」は、能力相応の役割が与えられていないことを意味する。ここでは「力不足」とすべき。

③流れに掉さして、周囲の抵抗をものともせずにつき進んだ。

→「流れに掉さす」とは、流れに乗じることを意味する。ここでは「流れに逆らって」とすべき。

④現在の失敗にはすべからく原因があるものだ。

→「すべからく（須く）」は正しくは、「す・べし」という

形から生じた言葉で、この後に「べし」に当たる言葉がつづいて、「なすべきこと（当然）」の意を強調する。「すべて」の意味で使用されることがあるが、それは完全な誤用。ここでは、「すべて」、「ことごとく」とすべき。

⑤運動会ですごい息子のことを応援していた。

→「すごい」ではなく、「すごく」が正しい。「応援した」という用言を修飾する場合には「すごく」を用いる。「すごい」は名詞を修飾する言葉なので、この文の場合、「すごい息子」を応援していたことになってしまう。話し言葉では「すごい」の連体形の副詞的用法は認知されつつあり、辞書にも載り始めてはいるが、「すごく」を使ってほしい。

間違いやすい書き言葉を改める

現代では文章を書く機会が多い。ところが、書き言葉をうまく使いこなせない人が多い。話し言葉では許容される文法的な誤りを犯してしまう人、仮名遣いで間違えてしまう人、話し言葉と書き言葉の区別がつかない人もいる。ここには、話し言葉ではよく用いられるが、書き言葉のルールから外れているもの、間違って書いてしまうと知性を疑われてしまうものを示す。

問題

Training 43

次の文の誤りを指摘してください。

①まずしなければならないのは、
部屋の掃除をするべきだ。

②私が知りたいのは、
外国では日本についてどのようなことが知られ、
どんな日本人が有名なのかを知りたい。

③日本は原子力発電所の建設をしないべきだ。

④『沈黙の春』とゆう本の中に書かれている。

⑤震災の時にはボランティアがいなく、
困ったところが多かった。

⑥日本とは違くて、
アメリカでは多くの人が銃を持っている。

⑦その部屋は窓を閉めれない。

⑧私ももっと速いボールを投げれるようになりたい。

⑨携帯電話を使わさせてください。

⑩私としても、新しい方法を考えざるおえない。

解答例

Answer

①まずしなければならないのは、部屋の掃除をするべきだ。

→**「まずしなければならないのは、部屋の掃除をすることだ」**

→**「まずしなければならないのは部屋の掃除だ」**

解説　「しなければならないのは……するべきだ」では主語と述語がかみあわない。「しなければならないのは」という主語を用いたら、述語は「掃除だ」というような名詞だったり、「……ということだ」というような体言で受ける必要がある。

②私が知りたいのは、外国では日本についてどのようなことが知られ、どんな日本人が有名なのかを知りたい。

→**「私が知りたいのは、外国では日本についてどのようなことが知られ、どのような日本人が有名であるかということだ」**

→**「私は、外国では日本についてどのようなことが知られ、どのような日本人が有名なのかを知りたい」**

解説　①とおなじように、「知りたいこと」という主題を提示しているので、「～ことだ」で受ける必要がある。「どのような」→「どんな」の撥音便（ん）は、一文の中では統一して使用したほうがよい。

③日本は原子力発電所の建設をしないべきだ。

→「**日本は原子力発電所の建設をするべきではない**」

解説　「べきだ」の否定表現は、「～べきでない」が正しい。最近「～ないべきだ」を耳にすることもあるが、誤用であり、まだ当分は市民権を得ないので使用は避けよう。

④『沈黙の春』とゆう本の中に書かれている。

→「**『沈黙の春』という本の中に書かれている**」

解説　常用漢字表（平成二十二年内閣告示第二号）に、「言」は「いう」と読むと示されている。「ゆう」と発音はしても表記は「いう」が正しい。ちなみに「行」は「いく」「ゆく」と読むと示されて、どちらも正しい。

⑤震災の時にはボランティアがいなく、困ったところが多かった。

→「**震災の時にはボランティアがいなくて、困ったところ**

が多かった」

解説　原因理由をあらわす接続助詞「て」によって、前の部分が、「困った」の原因理由になる。

⑥日本とは違くて、アメリカでは多くの人が銃を持っている。
→「日本とは違って、アメリカでは多くの人が銃を持っている」

解説　「て」は連用形に接続する。「違う」の連用形は「違っ」「違い」で、一般的には「違って」が使われる。「違く」は、東北、関東北部の方言として昔から使われてはいたが、形容詞の連用形（例・「安くて」）と混同した明らかな誤用。

⑦その部屋は窓を閉めれない。
→「その部屋は窓を閉められない」

⑧私ももっと速いボールを投げれるようになりたい。
→「私ももっと速いボールを投げられるようになりたい」

解説　いわゆる「ら抜き言葉」。受身・可能・自発・尊敬を表す助動詞「れる」「られる」の使い分けは、五段活用・サ行変格活用動詞に接続するときは「れる」（例・死なれる、される）、

それ以外の動詞に接続するときは「られる」（例・射られる、得られる）になる。「閉める」「投げる」は下一段活用であるから、「られる」が接続する。

ただ、そう覚えるのは難しいので、「れる」「られる」のどちらを使うかを迷った場合には、元の動詞を命令形にしてみるのがうまい方法だ。「考えろ」「受けろ」「代えろ」「食べろ」など、語尾が「ろ」になるものは「られる」、「走れ」「回れ」「代われ」など語尾が「れ」になるものは「れる」を受身表現の場合には使う。だから、「考えれる」「決めれる」「負けれない」「信じれる」「感じれる」「答えれる」などとは言わない。

⑨携帯電話を使わさせてください。

→「**携帯電話を使わせてください**」

解説　使役の助動詞「せる」「させる」の使い分けも、「れる」「られる」と同じで、五段活用・サ行変格活用動詞に接続するときは「せる」（例・死なせる、させる）、それ以外の動詞に接続するときは「させる」（例・射させる、得させる）になる。「使う」は五段活用であるから、「せる」の連用形「せ」が接続して「使わせて」になる。

⑩私としても、新しい方法を考えざるおえない。

→「**私としても、新しい方法を考えざるをえない**」

解説　単語に分けると「考え／ざる／を／え／ない」となって、「考えないということをできない」という意味になる。だから、「おえない」となると意味が通らない、まったくの誤用となるが、残念ながら頻出誤用になっているので要注意。

話し言葉を書き言葉に改める

　話し言葉と書き言葉は、様々な面で異なる。もちろん、書き言葉が「正しい日本語」とみなされるものなのだが、話し言葉になると、問題43でも練習した通り、音便変化や流行表現などの影響で、それが崩れてしまう。ここでは、話し言葉として日常の中でふつうに使われている言葉を、新聞で用いられるような文章に改める練習をする。

問題

Training 44

次の文を新聞などで用いられるような
書き言葉に改めてください。

①考えたって考えなくたっておんなじなんだから、
考えるだけ無駄ってもんだ。

②しらばっくれてないで、さっさと白状しろよ。

③年寄りだからって、みんなが弱いわけじゃねえんだぞ。
暴力じじいだって、絶倫じじいだっているんだぞ。

④おれらの時代にはゲームに夢中になって
先輩の話を聞いてないやつなんて、一人もいなかったぞ。
なあ、おい、聞いてるのか。

⑤あいつ、ウザイよな。あいつに株の知識なんて
あるわけねえのに、儲けたって言い張って
投資術かなんかを講演してんだってよ。

解答例

Answer

①考えたって考えなくたっておんなじなんだから、考えるだけ無駄ってもんだ。

→「考えても考えなくても同じなのだから、考えるだけ無駄だ」

→「思考しても結論は同じなので、思考するだけ無益である」

→「検討の有無にかかわらず結果は同じであるから、検討する必要はない」

→「考えても考えなくても結論が変わることはなく、思慮に時間を割いても無意味である」

（「促音便「っ」撥音便「ん」や「というもの」の縮約形「ってもん」は、くだけた言い方になる。書き言葉ではあまり使用するべきではない）

②しらばっくれてないで、さっさと白状しろよ。

→「知らぬふりをしていないで、早く白状しなさい」

→「事実を知らぬなどと装わずに、早く告白しなさい」

→「いくら否定してもあなたの関与は明白だ。すみやかに白状すべきだ」
→「部外者を装っても無駄である。躊躇せず白状しなさい」

③年寄りだからって、みんなか弱いわけじゃねえんだぞ。暴力じじいだって、絶倫じじいだっているんだぞ。
→「高齢者がみな弱者というわけではない。暴力的だったり精力絶倫だったりの老人も存在する」
→「高齢者全員が脆弱なわけではない。暴力的な高齢者も精力絶倫の高齢者もいる」

④おれらの時代にはゲームに夢中になって先輩の話を聞いてないやつなんて、一人もいなかったぞ。なあ、おい、聞いてるのか。
→「私たちの時代にはゲームに夢中になって先輩の話を聞かないようなものは、ひとりもいなかった。そのことをしっかり自覚しなさい」
→「私たちの時代にはゲームにかまけて先輩の話に耳を傾けないものなど一人もいなかった。聞いているのですか」

⑤あいつ、ウザイよな。あいつに株の知識なんてあるわけねえのに、儲けたって言い張って投資術かなんかを講演してんだってよ。

→「彼は面倒な人物だ。彼に株の知識があるとは思えないのに、儲けたと言い張って投資術について講演しているそうだ」
→「彼は不愉快だ。彼に株の知識などあるはずがないのに、利益が出たと主張して投資術について講演しているそうだ」
（「うざい」は様々なニュアンスで使われる俗語である。書き言葉ではできるだけ具体的に表現することを心掛けたい）

句読点を付ける

　言葉には、もちろん、句読点はない。だが、書き言葉では句読点が必要だ。もちろん、一つの文が完結したら句点（。）を付ける。また、読みやすいように区切りの必要な場所に読点（、）を加える必要がある。

　一つの文を長く書く作家も多いが、一般的な文章の場合、一つの文は60字程度が望ましい。それを超えたら、句点を付けて文を切る。少し言葉を加えたり修正したりして、次の文をつなげるようにする。

問題

Training 45

次の文章に句読点を付けて、
読みやすくしてください。なお、
文を区切るときには、言葉を補うようにして、
自然な流れに改めてください。

①高校大学の時代には芸術関係に興味を持ち経営学にまったく関心のなかった私は松下幸之助孫正義について何も知らなかったしむしろ自分と無関係の金持ちになっただけの人間と思っていたのだが会社に勤めるようになってその人たちの偉大さがやっとわかってきた。

②人間失敗もするし取り返しがつかないことも当然起こるのだがだからといって絶望していては今できることさえもできなくなってしまうので絶望ばかりしていないでそもそも人間とは失敗するものだと思ってそのうえで行動するべきなのだ。

解答例

Answer

①高校大学の時代には芸術関係に興味を持ち経営学にまったく関心のなかった私は松下幸之助孫正義について何も知らなかったしむしろ自分と無関係の金持ちになっただけの人間と思っていたのだが会社に勤めるようになってその人たちの偉大さがやっとわかってきた。
→**「高校、大学の時代には芸術関係に興味を持ち、経営学にまったく関心のなかった私は、松下幸之助、孫正義について何も知らなかった。むしろ自分と無関係の金持ちになっただけの人間と思っていた。だが、会社に勤めるようになってその人たちの偉大さがやっとわかってきた。」**

②人間失敗もするし取り返しがつかないことも当然起こるのだがだからといって絶望していては今できることさえもできなくなってしまうので絶望ばかりしていないでそもそも人間とは失敗するものだと思ってそのうえで行動するべきなのだ。
→**「人間、失敗もするし取り返しがつかないことも当然起こるのだが、だからといって絶望していては、今できるこ**

とさえもできなくなってしまう。それゆえ、絶望ばかりしていないで、そもそも人間とは失敗するものだと思って、そのうえで行動するべきなのだ。」

解説　読点の付け方については、日本語の場合、規則があるわけではない。だが、以下のようにすると、読みやすくなる。

a　主語が長いとき、主語のあとに付ける

例　長い間の低迷を打開するために係長が提案した企画が、昨日の会議であっさりと否決されてしまった。

b　文頭の接続詞のあとに付ける

例　したがって、私は今回の決定には納得できない。

c　重文で、「……だが」「……なので」などのあとに付ける

例　そのような考えがあることは私も十分承知しているが、それに賛成することはできない。

d　続けて書くと、別の言葉と誤解されるときに付ける

例　私の会社には経営学部、文学部、法学部、教育学部などの様々の学部出身者がいる。

句読点ほかの記号を付け、文章を整理する

前の問題と同じタイプだが、今回は、単に句読点を付けるだけではきちんとした文章にならない。ここに示すのは、私が実際に目にしたことのある文章だ。話し言葉がそのまま使われ、しかも主語述語の整合性もよくない。文章作成の基本的なルールも守られていない。

もとの文を少しは活かすにしても、かなり手を加えなければならない。

問題

Training 46

句読点を付けて、
きちんと伝わる文章に改めてください。
文法的に伝わりにくいところなどは
修正してください。

①芸能人などの不倫などのスキャンダルなどについての謝罪会見がされているのを見ることが多くなっているがそれをしなければ許さないという人も多いみたいだけど私が思うにそんなことをしなくてもいいのではないかという気がしてならない。

②Aさんの意見をまとめると今は製品がなぜ売れなくなったのかをあれこれいっている場合ではなくて今の時代にあったもっと斬新な製品を作ることのほうに力を注ぐべきというのは私たちの取るべき方針でしょうか。私は反対です。

③昨日BSで久しぶりにローマの休日を見た。モノクロ映画だが気にならない。これまで何度もオードリーヘップバーンの映画を見たり、写真を見たが、あらためてこの人こそ私の知る絶世の美女です。真実の口のところが最高。この映画を見る人はぜひ見逃さないでほしい。

解答例

Answer

①芸能人などの不倫などのスキャンダルなどについての謝罪会見がされているのを見ることが多くなっているがそれをしなければ許さないという人も多いみたいだけど私が思うにそんなことをしなくてもいいのではないかという気がしてならない。

→**「芸能人の不倫スキャンダルなどについての謝罪会見がされているのを見ることが多くなっている。謝罪しなければ許さないという人も多いようだが、私は、そんなことをしなくてもいいのではないかという気がしてならない。」**

解説　読点がないので読みにくいが、この文章の欠点はそれだけではない。「が」、「けど（けれども）」の、逆接を表す助詞を重ねて使ったために文脈が乱れている。また、「など」の連続も読みづらい。そのほか、「思うに……気がしてならない」というつながりもおかしい。それをうまく処理する必要がある。

②Aさんの意見をまとめると今は製品がなぜ売れなくなっ

たのかをあれこれいっている場合ではなくて今の時代にあったもっと斬新な製品を作ることのほうに力を注ぐべきというのは私たちの取るべき方針でしょうか。私は反対です。
→「Aさんの意見をまとめると「今は製品がなぜ売れなくなったのかをあれこれと議論している場合ではなくて、それよりは今の時代にあったもっと斬新な製品を作ることのほうに力を注ぐべきだ」ということだと思います。それについて、私は反対です。」

解説　どこからどこまでがAさんの意見なのかわからない。おそらくこれを書いた人は、Aさんの意見をまとめているうちに、自分がそうしていることを忘れて自分の意見を書き始めてしまったのだろう。「　」をうまく使ってまとめるとすっきりする。

③昨日BSで久しぶりにローマの休日を見た。モノクロ映画だが気にならない。これまで何度もオードリーヘップバーンの映画を見たり、写真を見たが、あらためてこの人こそ私の知る絶世の美女です。真実の口のところが最高。この映画を見る人はぜひ見逃さないでほしい。
→「昨日、BSで久しぶりに『ローマの休日』を見た。モノクロ映画だが、気にならない。これまで何度もオードリー・ヘップバーンの映画を見たり、写真を見たりしてき

たが、あらためてこの人こそ私の知る絶世の美女だと思った。真実の口の場面が最高。この映画を見る人は絶対に見逃さないでほしい。」

解説　タイトルには『　　』を、カタカナで姓名を表記する場合、その途中に「・」などをつけるのが原則。また、常体「た」、敬体「ます」は統一して使い混ぜるべきではない。

省略した部分を補う

話し言葉の場合、相手と顔を合わせて、共通の体験、共通の認識に基づいて話をしているため、不必要なところはすべて省略する傾向が強い。だが、それを文章にすると意味が通じない。それなのに、文章を書きなれない人は、話している通りに書いてしまう。ここでは、省略した部分を補って、場を共有していない人にもわかる文章に改める練習をする。

問題

Training 47

以下の文章は、
話し言葉特有の省略が多いために、
わかりにくくなっています。言葉を補い、
書き言葉を用いて、
理解可能な文章に改めてください。

①昨日ユキにあったときさ、どうしたのっていったら、別にっていうんだけど、そしたら一緒にいたマリエが変だよといって、そんなことないというんだけど、やっぱおかしいんでおかしいよっていったら、マリエも一緒にどうしたのっていったら、急に泣き出して、私たちどうすればいいかわかんなくなって、泣いてないで何かいってよっていったんだけど何でもないよといって駅のほうに行っちゃった。

②フランスで通じなかったので、フランス語をしようと思った。一人で勉強してみたけどだめなので、個人講師にした。喫茶店で週に一回で、若くてイケメンの人だったけどやっぱ英語かなと思って言ったら、機嫌が悪くなったので、今、ほかの学校と思ってる。

解答例

Answer

①昨日ユキにあったときさ、どうしたのっていったら、別にっていうんだけど、そしたら一緒にいたマリエが変だよといって、そんなことないというんだけど、やっぱおかしいんでおかしいよっていったら、マリエも一緒にどうしたのっていったら、急に泣き出して、私たちどうすればいいかわかんなくなって、泣いてないで何かいってよっていったんだけど何でもないよといって駅のほうに行っちゃった。

→昨日ユキに会ったときに、どうしたのかと尋ねたら、「別に」と言い、一緒にいたマリエが変だよと言ったのに対しても、「そんなことない」と答えたが、やはりおかしいのでマリエと一緒に「どうしたの」と聞くと、急に泣き出してしまった。私たちはどうすればよいのかわからなくなってしまい、泣かずに何か言ってほしいと告げたが、「何でもないよ」と言って駅の方に行ってしまった。

(私、ユキ、マリエの誰の発言であるかを明確に示す)

②フランスで通じなかったので、フランス語をしようと思った。一人で勉強してみたけどだめなので、個人講師にした。喫茶店で週に一回で、若くてイケメンの人だったけどやっぱ英語かなと思って言ったら、機嫌が悪くなったので、今、ほかの学校と思ってる。

→私はフランスに行ったとき、言葉が通じなかったので、フランス語を勉強しようと思った。テレビやネットを使って一人で勉強したが、それではいつまでも上達しないので、個人講師についた。喫茶店で週に一回話をする個人講師だった。講師は若くてイケメンの人だったが、やっているうちに英語のほうが役に立つことに気付いて、英語の講師に変えてほしいと伝えたら、講師の機嫌が悪くなった。今、いっそのこと、ほかの学校に変えようかと思っている。

最後に
応用問題

問題

Training 48

次のメールにはよくないところが含まれています。礼儀正しい文章に改めてください。

①断り文

本日、先日亡くなった山村部長をしのぶ会についての連絡をいただきました。ご苦労様です。

残念ながら、その日は個人的事情により参加できません。娘のピアノの発表会があります。もうしわけありません。どうかよろしくお願いします。

②謝罪文

謹啓
ふだんより多大なご協力をいただき、ありがとうございます。
以前より、A先生には私たちのささやかなグループの4月20日の例会におきましてご講演いただくようにお願いしておりました。ところが、グループ内の手違いのために先生ともう一人の方に講演を依頼してしまいました。内部で話しあいました結果、今回は別の方に講演していただくことになりました。
大変申し訳ありませんが、今回はキャンセルさせていただきますようお願いいたします。

解答例

Answer

①断り文

本日、先日亡くなった山村部長をしのぶ会についての連絡をいただきました。ご苦労様です。

残念ながら、その日は個人的事情により参加できません。娘のピアノの発表会があります。もうしわけありません。どうかよろしくお願いします。

A　本日、先日亡くなった山村部長をしのぶ会についての連絡をいただきました。お骨折り、お疲れ様です。
残念ながら、その日は個人的事情により参加できません。実は、娘のピアノの発表会があります。山村部長には大変お世話になりましたので、ぜひとも出席し、ご家族にもご挨拶したいところではありますが、何しろ娘が難しい時期に差し掛かっておりまして、今回だけは個人的状況を優先させていただきたく存じます。

山村部長のご家族には日を改めてご挨拶したいと考えております。お忙しいところ大変申し訳ありませんが、なにとぞよろしくお願いいたします。

B　本日、先日亡くなった山村部長をしのぶ会についての連絡をいただきました。お骨折り、お疲れ様でございます。残念ながら、その日は抜けられない事情があります。山村部長には大変お世話になりましたので、ぜひとも出席し、ご家族にもご挨拶したいところではありますが、日を改めさせていただきたく存じます。なにとぞよろしくお願いいたします。

解説　「ご苦労様です」は目下に対して用いるので、一般的には「お疲れ様です」「ご苦労をおかけしております」などとするほうがよい。
また、「しのぶ会」は通夜や葬儀と異なって何よりも優先するものではないとはいえ、娘の発表会を理由に欠席するのは非常識と思われる恐れがある。別の当たり障りのない理由にするか、あるいは娘の発表会が大事な意味を持つことを説明する必要がある。とはいえ、長々と説明するとむしろ言い訳じみるので、なるべく短く言い切るほうがよい。また、このような事情で欠席する場合、改めて挨拶をするつもりであることを付け加えるのが好ましい。

②謝罪文

謹啓

ふだんより多大なご協力をいただき、ありがとうございます。

以前より、A先生には私たちのささやかなグループの4月20日の例会におきましてご講演いただくようにお願いしておりました。ところが、グループ内の手違いのために先生ともう一人の方に講演を依頼してしまいました。内部で話しあいました結果、今回は別の方に講演していただくことになりました。

大変申し訳ありませんが、今回はキャンセルさせていただきますようお願いいたします。

→　**ふだんより多大なご協力をいただき、ありがとうございます。**

以前より、A先生には私たちのささやかなグループの4月20日の例会におきましてご講演いただくようにお願いしておりました。私どもはそのための準備を進めていたのですが、大変恥ずかしいことに、グループ内の連絡不足のため、別の方にも講演を依頼しておりました。本来ですと、A先生を最優先したいところなのですが、すでにもう一人の方はパネリストとして参加するように複数の方に連絡を取ってしまっております。これから変更となりますと、混乱を招く恐れがあります。

私どもの不手際のためにご迷惑をおかけし、ご不快をおかけしますこと、お詫びの言いようがありません。今さらこ

のようなお願いができる立場ではありませんが、なにとぞ日を改めて、別の機会にご講演をお願いすることはできませんでしょうか。切にお願いいたす次第です。

なお、近日中に私どもの責任者がお詫びにまいりたく存じます。どうか、お詫びに行きますことをお許しいただければと思います。

あらためて失礼をお詫びしつつ、先生のますますのご活躍をお祈りいたします。

解説　信じられないような失礼な行為を行ってしまったのだから平身低頭謝るしかない。もっと説得力のある嘘をつくことも考えられるが、それがのちに発覚した時のことを考えると、なるべく事実に近いことを語っておくほうがよい。ただし、失礼な言葉遣いをしないように、プライドを傷つけるようなことをしないように気をつける必要がある。また、短くまとめるのではなく、それなりの字数を使ってお詫びの言葉を費やす必要がある。また、あらためてお願いしたいこと、実際に顔を合わせてお詫びすることを付け加えるのが望ましい。

あとがき

世の中には人間関係に苦労している人が多いだろう。「感じの悪い人」「付き合いにくい人」とみなされ、周囲の人と仲良くしたいと思っているのに、どうしても、相手との間がぎくしゃくしてしまう。あるいは、仕事は人並みにできるつもりなのに、どうも他人からの評価が高くない。そんな人が日本中にたくさんいて、どうすればよいのか悩んでいるのではないか。

おそらくそのような人のほとんどが、上手に日本語を使うテクニックを身に着けていないのだと私は思う。本音をオブラートに包んでうまく伝える能力、しっかりとした知的な言葉を用いて人に伝える能力、マナーにかなった言葉を使う能力、そのような能力が十分にないために、相手に不愉快な思いをさせたり、できない人間だとみなされたりしているのだろう。若いころの私自身の反省を込めて、そう考えるのだ。

本書はそのような人がちょっとしたトレーニングによって能力を開発し、より知的でより感じよく、より洗練された人間とみなされるようになることを目指して作った。もちろん、本書に取り上げた内容だけで完璧なわけではない。しかし、ここに取り上げたことを思い出しながら日常生活を送り、言葉を意識し、相手の心を思いやって言葉を使うようになれば、言葉の達人になり、人の心を動かす日本語を使えるようになると確信する。

なお、本書執筆にあたって、草思社編集部の木谷東男さんに大変お世話になった。また、岡田佐久子さんには文章作成に多大なお手伝いをいただいた。最後になったが、この場を借りて御礼申し上げる。

著者略歴――――

樋口裕一（ひぐち・ゆういち）

1951年、大分県生まれ。早稲田大学第一文学部卒業後、立教大学大学院博士課程満期退学。小論文指導の第一人者。小論文の通信添削塾「白藍塾」塾長。多摩大学教授。著書にベストセラーとなった『頭がいい人、悪い人の話し方』（PHP新書）『人の心を動かす文章術』（草思社）などがある。

バカに見られないための

日本語トレーニング

2017年3月1日　第1刷発行

著　者　樋口裕一
ブックデザイン　新井大輔
イラスト　村上テツヤ
発行者　藤田　博
発行所　株式会社草思社
〒160-0022　東京都新宿区新宿5-3-15
電話　営業 03(4580)7676　編集 03(4580)7680
振替　00170-9-23552

印刷所　中央精版印刷株式会社
製本所　中央精版印刷株式会社

ISBN978-4-7942-2261-9 Printed in Japan　検印省略

http://www.soshisha.com/

造本には十分注意しておりますが、万一、乱丁、落丁、印刷不良などがございましたら、ご面倒ですが、小社営業部宛にお送りください。送料小社負担にてお取替えさせていただきます。